Solange Duflos / Jean-Louis Graille

Der Teich lebt

Streifzüge durch Sumpf, Moor, Schilf und Ried

Herder Freiburg · Basel · Wien

AUF FEUCHTEM GRUND

In der Talsenke glitzert ein flacher Teich in der Sonne. Er ist etwa 50 Quadratmeter groß und liegt mitten in einer feuchten Wiese, auf der Birken, Ginster, Weißdorn und vereinzelt auch Eichen wachsen. Durch die Wiese ziehen überwucherte Wassergräben, die von gestutzten Weiden gesäumt werden.

Es ist still hier: ein Fisch schnappt nach einer Fliege, und schon laufen Wasserringe auseinander; eine Libelle fliegt vorbei. Hier ist eine kleine Welt für sich, übersichtlich und abgestuft; man verliert sich nicht wie auf einem großen See, wo das Wasser mit dem Horizont zu verschmelzen scheint.

Mit dem Kahn gleiten wir durch dieses Sumpfgebiet und gelangen von dem Teich durch einen Kanal, dessen Ufer von Pflanzen überwuchert sind, in einen größeren. Wir rudern zwischen Schilf und Schachtelhalmen und schieben dabei die Seerosen beiseite...

Männchen und Weibchen vom Kappensäger (Mergus cucullatus).

In der Ferne steigt die Ebene an. Die Hänge sind hier landwirtschaftlich genutzt, dort bewaldet, dann wieder Heidelandschaft, unterbrochen von Bodensenken.

Es ist ein Land zwischen Himmel und Wasser, weiches Licht liegt über dem Sumpf. Und wir gehören dazu, sind ein Teil des Lebens, das sich in der blaugrünen Tiefe und im Ufergestrüpp zeigt. Das Boot schwebt, nur Wasser gluckert und schmatzt am Bootsrand.

Je nach ihrer Lage sind die Teiche verschieden; ob sie nun in der Ebene liegen oder höher oder im Wald. Immer sind sie jedoch den Einflüssen der Umwelt ausgesetzt. Der Tümpel mit seiner üppigen Vielfalt an Lebewesen, die sumpfige, oft überflutete Wiese, die schlammige und mit Schilf besetzte Bodensenke, die kleinen Inseln noch erhaltener Tierwelt inmitten der landwirtschaftlichen Nutzflächen bieten immer wieder Gelegenheit zu neuen Beobachtungen und Entdekkungen, aber auch das kleine Torfmoor in der Heide, der kühle See in den Bergen oder das leicht salzige Küstensumpfland ist reich an Pflanzen und Tieren.

Wir können Vergißmeinnicht und die große gelbe Iris pflücken, aber auch verborgenere und seltenere Pflanzen entdecken. Mit dem Feldstecher sehen wir die Sumpfohreule auf der Suche nach Beute oder die kleinen Rohrsänger, die im Schilf turnen.

Kanadagans (Branta canadensis: *Meergänse*).

Solche Erkundungsgänge sind nicht immer eine reine Freude, allein schon wegen der Blutegel, die sich an den Beinen ansaugen; und dann darf man auch nicht gleich über kleine Schnittwunden, die vom Riedgras oder Schilf stammen, klagen. Gegen Mücken helfen Mückenspray oder Salben. Im übrigen haben auch sie mit Recht ihren Platz in der Sumpfgemeinschaft; eine vollständige Ausrottung der Mücken würde das Gleichgewicht der Natur erheblich stören.

Los geht's! Wir atmen die frische, gesunde Luft des Sumpfes ein und gehen mutig auf die Grashorste und Röhrichtinseln zu, die – für uns so heimtückisch – auf dem dunklen Wasser treiben. Wer eine gute Ausrüstung bei sich hat und sich vorsichtig und vernünftig verhält, dem droht im Sumpf keine Gefahr!

Die Malaria, eine Krankheit, die früher fast in allen Sümpfen Europas wütete, hat ihren Schrecken verloren: moderne Bekämpfungsmethoden haben sie fast völlig eingedämmt. Moorgeister und Wassernixen werden neuerdings auch nicht mehr beobachtet …

Ohne Sorge können wir die vielen Weiher, Sümpfe und Moore erforschen, die in den verschiedenen Landesteilen in Deutschland, Österreich und in der Schweiz oft unterschiedliche Namen tragen.

Wir wollen gemeinsam solche Feuchtgebiete erforschen, deren Fauna und Flora artenreich und großartig ist. Hier können wir noch besser als im Wald die unberührte Natur in ihrer vielfältigen Ausprägung entdecken. Auf dem Wasser, am Ufer, in der Luft und auf dem Grund gibt es eine Unmenge Pflanzen- und Tierarten, die uns noch viele Rätsel aufgeben. Sie verlocken und faszinieren uns auf eine merkwürdige Weise; ihren Geheimnissen werden wir aber nur mit großer Geduld und stiller Aufmerksamkeit auf die Spur kommen.

Wer einen ersten Einblick in die Welt der Sümpfe gewinnen will, wird am besten vom Herbst bis zum Frühjahr die Vielfalt der einheimischen Schwimm- und Tauchenten und ihrer nordischen Vettern, die bei uns überwintern, beobachten. Diese geflügelten Gesellen beweisen, daß Sumpfgebiete auch im Winter reichlich Nahrung für Vögel bereithalten.

Ausgerüstet mit Feldstecher, Fotoapparat, Netz und Eimer versucht der Naturfreund, sich dem Wasser zu nähern und Larven, Kaulquappen und Insekten einzufangen, die er aus der Nähe lebend beobachten will. Die Ausbeute und die Einrichtung und Betreuung eines eigenen Aquariums wird jeden mit neuen erstaunlichen Erkenntnissen beglücken.

Es ist anfangs etwas schwer, sich bei der Auswahl der Pflanzen und Tiere richtig zu entscheiden. Wenn man aber seinen Teich einigermaßen erkundet und das Leben im Wasser und am Ufer ausgiebig belauscht, wird man bald wissen, was in diesem Lebensraum wichtig ist. Dieses Buch soll dabei eine Hilfe und ein ständiger Begleiter sein; es will Hinweise und Anregungen geben und das Wissen um die Zusammenhänge vermitteln, damit die Beschäftigung mit der Natur nicht nur zu einem schönen, sondern auch zu einem nachhaltigen Erlebnis wird.

Unser Buch handelt von den stehenden Gewässern, die meistens süß oder brackig sind, also von Sumpf, Morast, Ried und Torfmoor, von der Lagune, von Wiesen, die gelegentlich oder teilweise überflutet sind, und natürlich auch von den vielen Teichen, Weihern und Tümpeln, die es überall gibt. Wir können zwar nicht alles sehen und beschreiben, was da an unvorstellbarem Leben im Überfluß vorhanden ist. Aber wir können gemeinsam sicher noch mehr entdecken, was für uns neu ist! Wir wollen die typischen Pflanzen und Tiere, die wir im Verlauf eines Jahres antreffen, bei Tag und bei Nacht, in nachbarschaftlichem Zusammenleben und in der jahreszeitlichen Abfolge, im harten Lebenskampf beobachten: Wir wollen die Gesetze der Natur erforschen!

Und schließlich: Wir Menschen können denken und unsere Instinkte zügeln – wir sollten also das Eigenleben der Pflanzen und Tiere achten und uns alle Mühe geben, den Ort, wo es sich heute noch entfalten kann, nicht zu verwüsten, sondern nach besten Kräften zu schützen.

Fruchtstände der gelben Iris (Iris pseudacorus).

Ein flacher Kahn am schilfbestandenen Ufer.

Im Land der stehenden

An Teichen...

Bei unserem Gang über die Wiesen folgen wir einem kleinen Wassergraben. Er verschwindet oft im Gebüsch und ist von smaragdgrünen Wasserlinsen bedeckt. Sein gewundener Lauf führt bis zum Teichufer, wo einige Schwalben jagen.

Das Wasser ist hier nicht durchsichtig und klar wie in tiefen Bergseen, wo es kaum Pflanzenwuchs gibt. Es erscheint hier mehr grün als blau, an manchen Stellen sogar bräunlich wegen der vielen organischen Schwebeteilchen.

Die Zusammensetzung des Bodens auf dem Wassergrund ist sehr wichtig, davon hängt auch die Vielfalt des Pflanzenwuchses an den Uferhängen ab.

Die meisten unserer Teiche sind wie dieser auf dem Bild unten reich an pflanzlichem und tierischem Leben. Andere Teiche werden nicht so gut betreut, so daß die Wasserpflanzen wild zu wuchern anfangen: Das Gewässer wird dann immer mehr mit organischen Stoffen belastet, dadurch verbraucht sich der Sauerstoff schneller. Das Wasser kann dann weder die Uferpflanzen noch die schwimmenden pflanzlichen Kleinstlebewesen *(Phytoplankton)* ausreichend mit Sauerstoff versorgen. Statt dessen entwickelt sich ein üppiges tierisches Plankton, das sich von den Schwebestoffen zwar ernährt, sie aber nicht umsetzen kann. Nur die Bakterien könnten dies. Aus Kalkmangel können in diesen nährstoffarmen Gewässern die Bakterien aber nicht länger leben.

Solche Teiche verwandeln sich allmählich in Torfmoore.

Bei einem Teich unterscheidet man verschiedene, um den Seemittelpunkt angeordnete Vegetationsgürtel im Wasser und am Ufer. Die auf dem Wasser schwimmenden Pflanzen nehmen wohl den größten Platz ein. Die gesamte Flora – die Pflanzenwelt dieses Gebietes – vermittelt den Eindruck von Fülle und Schönheit, besonders im Frühjahr und Sommer entfaltet sich eine herrliche Blütenpracht.

Um eine Vorstellung davon zu bekommen, was es alles zu entdecken gibt, wollen wir uns mit den vielfältigen Lebensgemeinschaften in den verschiedenen Wassertiefen vertraut machen.

Auf dem Teichgrund und im Wasser leben die Algen; sie sammeln sich bei der Sommerhitze an der Oberfläche an; einzellige und fadenförmige Algen bilden das Phytoplankton. Etwas weiter vom Ufer entfernt, inmitten des Teiches findet man die hellgrünen, verzweigten Algen. Bei nachlassender Tiefe kommt man in das Gebiet der Tauchpflanzen. Sie sind im Teichgrund verwurzelt, nur ihre Blüten dringen an die Oberfläche wie beim Ährentausendblatt *(Myriophyllum spicatum)*. Es bildet manchmal „unterseeische Wiesen". Andere Arten verbreiten sich weniger stark und bleiben ganz unter Wasser wie die verschiedenen Laichkrautarten *(Potamogeton)*, der Wasserstern *(Callitriche palustris)* oder die kanadische Wasserpest *(Elodea canadensis)*. Das Hornblatt *(Ceratophyllum demersum)* schwebt in derselben Zone, jedoch wurzellos.

Bald erreicht man den Seerosengürtel mit Seerosen *(Nymphaea alba)*, Mummeln *(Nuphar lutea)* und anderen tiefverwurzelten Pflanzen: die einen mit untergetauchten, die anderen mit auf dem Wasser treibenden Blättern. Die Blüten öffnen sich immer nur an der Oberfläche, so bei den Mummeln und dem Wasserhahnenfuß *(Ranunculus aquatilis)*. Zu den Schwimmpflanzenbeständen, deren untergetauchte Blätter an der Oberfläche erscheinen, gehören das Pfeilkraut *(Sagittaria sagittifolia)* und der Froschlöffel *(Alisma plantago-aquatica)*. Schließlich folgen die Pflanzenbestände des Faulschlammgebietes; wie bei der Teichsimse *(Schoenoplectus lacustris)* stecken nur ihre Wurzelstöcke im Schlamm. Sie verarbeitet das Kohlendioxid des Wassers gerade so gut wie das aus der Luft. Sie wird oft zum Dachdecken und Flechten verwendet.

Die Uferzone ist der Lebensraum des Schilfes *(Phragmites communis)*. Seine Blätter verarbeiten nur das Kohlendioxid der Luft. Solange das Schilf noch dicht wächst, lebt es mit anderen Pflanzen in enger Gemeinschaft.

Bei unseren Wanderungen treffen wir auch auf den Rohrkolben *(Typha latifolia)*, die Gelbe Schwertlilie *(Iris pseudacorus)*, den Gemeinen Gilbweiderich *(Lysimachia vulgaris)* und die Schwanenblume *(Butomus umbellatus)*.

Steht das Schilf jedoch sehr dicht, halten sich in diesem Gebiet nur wenige Pflanzen; angeschwemmte Erde wird dann vom Schilfwald festgehalten. Der nächste Schritt ist die Verlandung des Gewässers. Oft hält sich in dem nur schwer durchdringlichen Schilfbestand noch eine dünne Wasserschicht. Dann beginnt die Herrschaft der Riedgräser: Wir befinden uns im Großseggenried.

Mummeln (Nuphar lutea) *überziehen fast den gesamten Teich.*

Gewässer

... und Sümpfen

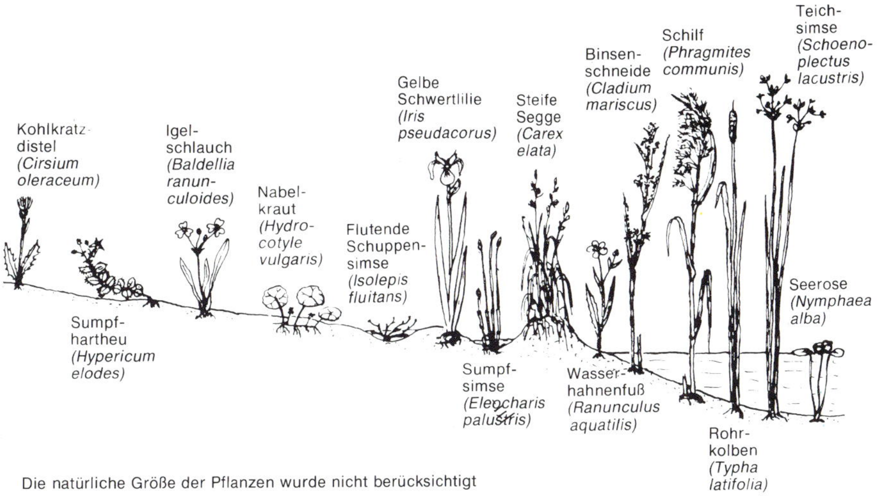

Die natürliche Größe der Pflanzen wurde nicht berücksichtigt

Vegetationszonen des Küstensumpflandes, wie wir sie z. B. am Atlantik (in der Brière) oder bei Bremen (Brandt's Graben) finden: Die meist im Winter überfluteten Wiesen sind voll von Kohlkratzdisteln (Cirsium oleraceum), *vom Sumpfhartheu* (Hypericum elodes), *vom hahnenfußähnlichen Igelschlauch* (Baldellia ranunculoides); *in oft überschwemmten alten Torflöchern sprießt die Flutende Schuppensimse* (Isolepis fluitans). *Pflanzen, die sich im Schlamm ansiedeln, sind die Sumpfsimsen* (Eleocharis palustris), *Seggen* (Carex elata) *oder andere Riedgräser und vor allem das Schilf* (Phragmites communis). *Es durchzieht die Schlammzone mit seinem dichten Wurzelwerk; nahe der Uferzone stehen die Rohrkolben* (Typha latifolia) *und die Teichsimsen* (Schoenoplectus lacustris), *schließlich breiten sich die Seerosen* (Nymphaea alba) *bei größeren Tiefen (bis zu 5 m) an der Wasseroberfläche aus.*

Torfmoos (Sphagnum).

Meist entsteht um einen Teich oder See ein Sumpfgebiet. Bei kalkhaltigem Boden verwandelt sich der Sumpf bald in ein flaches Torfmoor mit Schilf, Sauergräsern und verschiedenen Moosarten. Nach und nach bildet sich aus den niederwachsenden Seggen, den krautigen Binsen und anderen selteneren Pflanzen wie Orchideen und Enzianen ein zusammenhängender Teppich. In den kleinen Tümpeln, Gräben und Kanälen beginnen sofort überall reichlich der Fieberklee *(Menyanthes trifoliata)*, die Wasserfeder *(Hottonia palustris)* oder der merkwürdige Wasserschlauch *(Utricularia vulgaris)* üppig zu blühen. Weiden und Erlen, z. B. die Grauweide *(Salix cinerea)* und die Schwarzerle *(Alnus glutinosa)*, wurzeln bereits in diesen sumpfigen Gebieten. Dort, wo der Boden nicht mehr so feucht ist, wachsen eher der Faulbaum *(Rhamnus alnus)*, Pappeln *(Populus)* und andere Weidearten. Die Entfaltung dieser Pflanzenvielfalt ist nur möglich, solange die Riedgräser und feuchten Wiesen nicht abgemäht werden. Sobald sich die Minerale und der Kalk aus dem flachen Sumpfgebiet herausgelöst haben, entsteht nach und nach ein gewölbtes Torf- oder Hochmoor. Moose, vor allem das Torfmoos *(Sphagnum)*, Riedgräser und Fieberklee bilden eine zusammenhängende, dichte Pflanzendecke. Schließlich verdichtet sich das Torfmoor, es bleiben nur noch einige Wassertümpel zurück. Dort findet man den Sonnentau *(Drosera)*, eine fleischfressende Pflanze, und die kurzen Sprößlinge der Moosbeere *(Vaccinium oxycoccos)*.

Ist das Moor landwirtschaftlich genutzt, setzen sich bis zum Sommer an den noch vorhandenen Wasserlöchern neue Pflanzen fest: der Rohrkolben, der Gilb- und der Blutweiderich, die Binsen und andere.

Der üppige Pflanzenwuchs der Teiche begünstigt eine reichhaltige Tierwelt: Schnecken, Insektenlarven, Würmer, Blutegel und Fische, vor allem aus der Familie der Weißfische, von denen der Karpfen am meisten geschätzt wird, gedeihen hier prächtig.

Im Sumpf, besonders in den Tümpeln des Torfmoors, finden wir Teichmolche, Wasserfrösche, Kröten, Libellenlarven, Gelbrandkäfer, Rückenschwimmer, Wasserläufer... Das sind verwirrend viele neue Namen, sie werden uns jedoch bald geläufig sein. Im Sommer können wir vor allem eine Menge herrlicher Libellenarten kennenlernen, die in diesem Feuchtgebiet zu Hause sind.

Wer kommt mit Aale fangen? Vermutlich sehen wir dabei auch Bisamratten und andere Nager; sie und manch andere Säugetiere machen Jagd auf die Aale und sorgen dafür, daß sie sich nicht zu stark vermehren. Die Pflanzen- und Tierwelt der Sümpfe zieht viele Vögel an. Sie nisten im Schilfwald – auch Zugvögel machen dort Zwischenstation.

Es ist übrigens erstaunlich, wie viele Vogelarten hier zusammenleben, ohne sich gegenseitig zu stören – jeder nutzt seine Umwelt nach Bedarf.

Schreitvögel wie etwa die Reiher fischen, indem sie ins flache Wasser marschieren. Rauch-, Mehl- und Uferschwalben jagen dicht an der Wasseroberfläche nach ihrer Beute. Die Enten finden Nahrung, indem sie ihre Köpfe ins Wasser stecken und gründeln. Es gibt Vögel, die nur kurz ins Wasser eintauchen, aber doch nicht schwimmen, zum Beispiel der Eisvogel. Er schnappt wie der Blitz seine Beute aus dem Wasser und fliegt sofort weiter.

Kein Weiher gleicht dem anderen

In den Dombes (nordöstlich von Lyon) bewirtschaftet man die Teiche regelmäßig für ein bis zwei Jahre, dann entleert man sie wieder. Im Vordergrund ist ein fast leerer Teich mit seinem Abfluß zu sehen.

Tagpfauenauge (Vanessa Jo).

Wir alle haben schon einmal einen Weiher oder Teich gesehen. Es handelt sich um eine Wasseransammlung von unterschiedlicher Größe. Oft hat er keinen Zufluß, ist mal süß, mal brackig, jedoch immer sehr flach. Hierdurch unterscheidet er sich von den großen Seen; folglich kann ein Weiher vom Grund bis zur Oberfläche und entlang seiner ganzen Ausdehnung mit Pflanzen bewachsen sein.

So zutreffend diese Beschreibung auch sein mag, sie gilt nicht immer. Es gibt ganz unterschiedliche Weiher!

Viele haben weder einen Zunoch einen Abfluß; ihr Wasserstand hängt von Regenfällen ab. Eine Rolle spielt auch der Wasserverbrauch durch den Pflanzenwuchs und die allgemeine Verdunstung durch die Sonne.

Andere Weiher werden dagegen von Flüssen mit Wasser versorgt. Dabei kann der Zu- und Abfluß mehr oder weniger vom Fluß geregelt werden. Hinzu kommt, daß der Weiher selbst bis zu einem gewissen Grad überschüssiges Wasser verarbeiten kann. Der Wasserabfluß ist oft ein Bach, oder er erfolgt durch eine natürliche oder künstlich eingesetzte Röhre, die das Wasser ins benachbarte Gelände ableitet. Es kann auch ein Kanal sein, der das Wasser zum Meer führt. Bei Weihern in Küstennähe (etwa 10 km entfernt) stellen diese Gräben in beide Richtungen Verbindungen zum offenen Meer dar.

Der Wasserstand künstlicher Teiche wird auf andere Weise verändert: Sie können wie ein normales Waschbecken durch ein Abflußrohr völlig geleert werden. Ihr Wasser ergießt sich dann ins alte Bachbett, dessen Wassermenge zuvor durch das Aufstauen zum Teich stark verringert worden war.

All das erklärt, wie sich über viele Jahre hinweg das Klima langsam verändern kann: Neuer Boden wird angeschwemmt; die zunächst große Zahl der stark Wasser verdunstenden Pflanzen nimmt zwangsläufig durch die natürliche Austrocknung ab. Das heißt, die Weiher verlanden allmählich. Leider kommt das in den letzten Jahren immer häufiger vor. Anlaß genug, in die noch vorhandenen Gewässer keinen Abfall zu werfen. Sie sind kein Platz für leere Dosen oder Plastikbehälter! Erinnern wir ruhig auch die Erwachsenen einmal daran, wie wichtig die Erhaltung und sinnvolle Nutzung dieser Wasserflächen für uns alle ist.

Wie die Teiche entstanden sind

In den verschiedensten Perioden unserer Erdgeschichte entstanden einst unter gewaltigem Druck Risse, Spalten- und breite Grabenbrüche, in denen sich Wasser ansammelte: so in Frankreich im unteren Loiretal oder auch im Norden der Vendée an der Atlantikküste. Andere Teiche bildeten sich in Bodenwellen, die durch Erosion (Verwitterung) entstanden sind, z. B. im Poitou oder in der Saintonge (alte französische Provinzen an der Atlantikküste). Wieder andere finden sich in flachen Erdmulden, wie sie zwischen den Flüssen Marne und Seine in der Brière durch das Absinken des Meeresspiegels entstehen konnten, oder haben sich hinter einem natürlichen Damm (Bodenanschwemmungen, Felsen und Dünen) gebildet. Häufig ist ein Teich nichts anderes als der letzte Rest eines Sees, der durch Verlandung zusammengeschrumpft ist. Sicherlich sind die auf natürliche Art und Weise entstandenen Teiche sehr zahlreich, doch viele wurden vom Menschen auch künstlich angelegt. Manchmal wurden ganze Landschaften davon geprägt, wie z. B. die Dombes. Das ist ein flacher Landstrich voller Wasserlöcher in lehmiger Erde. Sie machen etwa 1/10 der Teichoberfläche ganz Frankreichs aus. Seit dem 13. Jahrhundert werden sie ständig erhalten und bis heute vergrößert, denn sie dienen als bedeutendes Fischreservat. Manche Gebiete der Dombes sind heute bedroht und laufen Gefahr, das bisherige Gleichgewicht zwischen Mensch und Natur zu verlieren.

Es kommt vor, daß man mehrere kleine Teiche zu einem großen zusammenlegt; dazu staut man die Flußtäler durch Erderhebungen oder Dämme von 3 bis 4 m Höhe.

Heute werden mit Bulldozern die Teiche in den Sumpfgebieten ausgehoben. Mit der anfallenden Erde werden an drei Uferseiten Deiche aufgeschüttet; dadurch wird der Teich tiefer. An einem der neu entstandenen Steilufer kann nun ein regulierbarer Abfluß zur Entleerung des Teiches angebracht werden. Ein eingesetztes Gitter verhindert, daß die Fische fortgespült werden. Nach heftigen Stürmen und Regenfällen wird dieses Überlaufbecken oft überflutet; in starken Trockenperioden verwelken die hier zwischen den Riedbüscheln und immergrünen Binsen auftretenden Pflanzen.

Schließlich sind noch die Küstenteiche zu nennen. Sie entstehen dann, wenn eine Landzunge aus Sand allmählich eine Bucht vom offenen Meer abtrennt.

Der Kreislauf eines Sumpfgebietes

Eine Wasserstelle (dabei kann es sich um einen großen natürlichen Weiher, einen kleinen Fischteich, einen Wassertümpel am Rande eines verlassenen Steinbruches, eine Wasserlache, die als Viehtränke dient, oder ein ausgedehntes, vielgestaltiges Sumpfgebiet handeln) ist immer ein Ort, an dem Umwelt und Lebewesen in enger Beziehung miteinander stehen, wo alles ineinander greift und ein stetiger Energieaustausch besteht.

Schaut euch einmal unser sehr vereinfachtes Schema an. Sicher entdeckt ihr dabei, daß einige der dargestellten Abläufe in eurem Heimatteich auch auftreten.

Nahrungskette

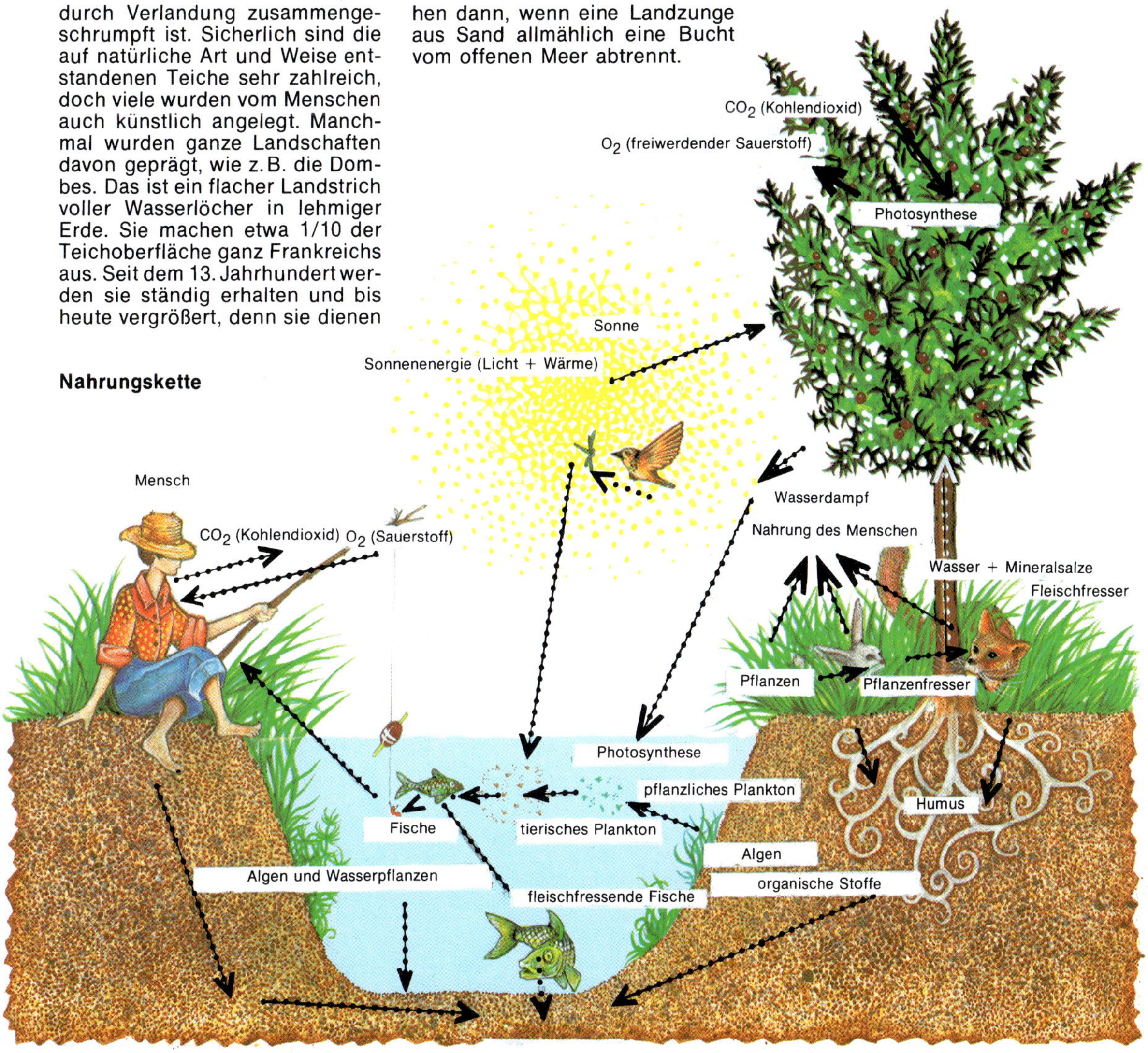

Die Ausrüstung eines „Sumpfläufers"

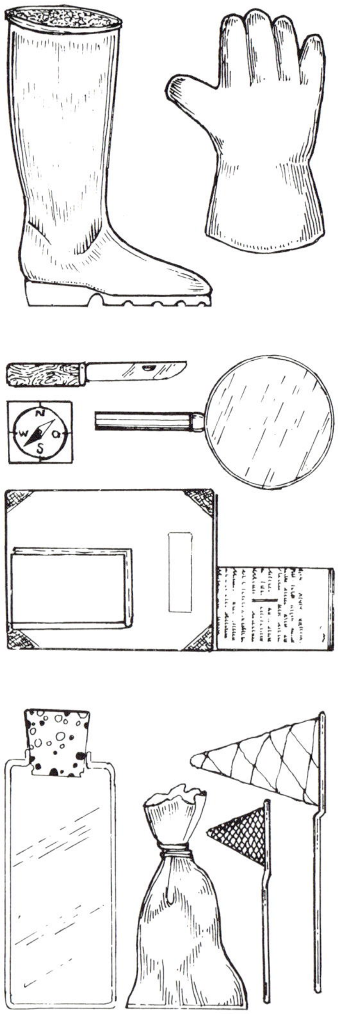

Der „Sumpfläufer" sollte, wenn er allein auf Erkundungsfahrt geht, jemandem zuvor Bescheid sagen. Seine Ausrüstung ist sehr einfach.

Die Kleidung:

Hohe Gummistiefel, am besten solche, wie sie die Angler tragen; ihr findet sie in Sportgeschäften. Eine wasserabweisende Jacke und Hose, Handschuhe zum Schutz gegen scharfe Riedgräser und Binsen.

Das Handwerkszeug:

1. Für die Orientierung am Gewässer und zur Bestimmung der Windrichtungen einen Kompaß, er ist auch bei der Beobachtung der Zugvögel sehr wichtig.

2. Ein Messer, eine Lupe, ein Notizbuch, einen stabilen Aktenordner zum Aufbewahren der Pflanzen in euerem Herbarium (Sammlung gepreßter Pflanzen). Eventuell auch Zeitungspapier zum rascheren Trocknen und Pressen der Wasserpflanzen; sie nehmen sonst leicht Schaden.

3. Gut verschließbare Glasflaschen jeder Größe für die Wasserproben; verschiedene Kescher mit unterschiedlicher Maschengröße; Plastiktüten.

Eine einfache Anleitung zum Bau eines Keschers: Biegt aus einem dickeren Draht einen Ring mit einem Stiel, näht an den Bogen mit Faden einen alten Nylonstrumpf an. Schneidet einen frischen Stock (ein alter würde brechen) und befestigt daran mit Krampen den Drahtstiel.

Ihr braucht verschiedene Netzgrößen: feinmaschige und grobmaschige.

4. Ihr wißt, daß Sumpfwasser sauer oder alkalisch sein kann, was sich störend oder fördernd auf das Leben im Teich auswirkt. In einer Drogerie könnt ihr ein Spezialpapier (pH-Papier) kaufen, das euch Säure- oder Basengehalt anzeigt; pH 1–6 zeigt den Säuregrad an, 7 ist neutral und 8–14 ist alkalisch. Taucht ihr dieses „pH-Papier" für etwa 12 Sekunden in eure Wasserprobe, so nimmt es die Farbe an, die dem jeweiligen Säure- bzw. Basengehalt des Wassers entspricht. (Die Farbe vergleicht mit der beigefügten Farbrichtskala). Es ist wichtig, den Säuregrad des Wassers genau zu kennen, denn in sehr saurem Wasser (pH 4) gibt es fast überhaupt keine Pflanzen- und Tierarten mehr.

5. Wichtig ist auch ein Fernglas; wenn möglich nehmt ein blaugetöntes mit großer Sehweite. Ihr habt dann bei einfallender Dämmerung eine gute Sicht. Eine achtfache Vergrößerung reicht aus, denn was man bei der Vergrößerung gewinnt, verliert man an Lichtstärke.

6. Wünschenswert ist auch ein Fotoapparat. Ihr könnt so die schönen Landschaften, Pflanzen und Tiere im Bild festhalten.

Das Leben am Wasserlauf

Die meisten Tiere und Pflanzen, die uns an Teichen und Seen begegnen, können wir auch an Bächen und Flüssen beobachten. Und was gibt es an einem Wasserlauf doch alles zu erleben! Elritzen flitzen durch den Dorfbach, und eine Wasserspitzmaus flüchtet aufgescheucht in das schützende Wurzelwerk einer Esche. Im Wildbach lauert die Forelle auf ihre Beute, und hier hat der Fischotter sein Jagdrevier. Dieser ganze Lebensraum steht eurem Forschungsdrang ebenso offen. Das Buch „Der Fluß lebt" von S. Duflos und J.-L. Grailles ist deshalb eine gute zusätzliche Hilfe für alle „Sumpfläufer". Es möchte euch anregen, die Geheimnisse unserer Gewässer, Flüsse und Bäche zu erforschen und sie zu verteidigen gegen alle rücksichtslose Nutzung ihrer Wasser, gegen Verschmutzung und gegen alle jene, die vergessen, daß die Lebenskraft unserer Flüsse nicht unerschöpflich ist, daß gesunde Flüsse die Grundlage allen Lebens sind, das entlang ihres Weges von der Quelle bis zur Mündung blüht. Natürlich findet ihr auch in diesem Buch wieder viele farbige Fotos, Zeichnungen und nützliche Tips, Bastelanregungen und Spielvorschläge für alle Tage des Jahres.

Keine Unvorsichtigkeiten!

An Wasserstellen sammelt man nicht wahllos Pflanzen und Tiere auf, ob sie nun wichtig sind oder nicht! Man sollte mit Methode vorgehen, um einen bestimmten Lebensraum zu erforschen.

Vergewissert euch zunächst, ob das Sumpfgebiet, das ihr durchstreifen wollt, kein Privatbesitz ist. Ganz besonders dann, wenn ihr eine Schutzhütte für Fischer oder Jäger entdeckt. Holt an zuständiger Stelle die Erlaubnis ein, damit ihr dort auf „Pirsch" gehen dürft. „Borgt" euch nie ein Boot aus, so verlockend und hilfreich es auch immer für euch sein könnte. Ihr verärgert nur den Eigentümer – außerdem ist es nie klug, sich mit einem unbekannten Boot auf Abenteuer einzulassen.

Vielleicht braucht ihr in eurer Gegend auch schon einen Angelschein, um Stichlinge (Gasterosteus aculeatus) zu fischen. Ihr erkundigt euch danach am besten auf dem Rathaus.

Ein Sumpfgebiet kann leicht gefährlich werden; holt euch bei denen Rat, die täglich dort zu tun haben. Sie werden euch die gefahrlosen Stellen zeigen. Im allgemeinen gilt: sofort zurück, wenn ihr den Boden unter euch zittern fühlt. Wagt euch nie zu weit in den Sumpf hinein, wenn euch kein erfahrener Erwachsener begleitet.

Hütet euch, den Schlamm zu betreten! Sollte es dennoch einmal nötig sein, z. B. um ein interessantes Foto zu machen, so stellt euch immer auf eine Wurzel, einen Schilfbüschel oder legt Äste unter. Keine Unvorsichtigkeiten!

Wenn ihr auf „Beobachtungsjagd" geht, macht keinen Lärm oder ungestüme Bewegungen. Lernt die natürliche Umgebung als Deckung zu gebrauchen; baut euch bald einen einfachen Unterstand, er wird sich für eure Beobachtungen als sehr zweckmäßig erweisen. Falls ein Hochsitz vorhanden ist, fragt nach, ob ihr ihn manchmal benutzen dürft, denn er bietet einen idealen Rundblick und eignet sich zum Fotografieren. Sicher hat euch irgendeine Stelle besonders gefangen genommen, und ihr entschließt euch, dieses Gebiet eingehend zu erkunden. Stellt nun mit Hilfe des Kompasses seine Lage fest; schreibt sorgfältig in eueren Notizblock einzelne Merkmale der Umgebung auf – etwa einen bestimmten Zufluß; schaut euch den Erdboden genau an und auch den Wassergrund (Kies, Schlamm). Merkt euch verschiedene Kennzeichen wie Wasserhöhe, Zuflüsse, Nutzung oder Auslichtung des Sumpfes oder die Unterschiede in der Vegetation, um euren Lieblingsort immer wieder finden zu können. Schaut euch auch die kleinen Buchten der Weiher, die toten Arme der Wasserläufe und ihre Ufervegetation an.

Macht euch von den besonders reizvollen Orten eine Lageskizze und zeichnet die gefundenen Pflanzen ein. Unten seht ihr, wie ein solcher Plan aussehen kann.

Ihr könnt darin auch die Besonderheiten des Wassers wie die verschiedenen Tiefen, Lichtdurchlässigkeit, Strömungsverhältnisse festhalten; fertigt euch Tabellen mit Werten von 1–5 an (z. B. Sauberkeit des Wassers: 1 – sehr klar, 5 – sehr schmutzig) und legt die Reinheit des Wassers nach eigener

Schwanenblume
(Butomus umbellatus)

Froschbiß
(Hydrocharis morsus-ranae)

Krebsschere
(Stratiotes aloides)

Igelkolben
(Sparganium erectum)

Wasserstern
(Callitriche palustris)

Schilfrohr
(Phragmites communis)

Flutender Sellerie
(Apium inundatum)

Wasserhahnenfuß
(Ranunculus aquatilis)

Rohrkolben
(Typha latifolia)

Gelbe Schwertlilie
(Iris pseudacorus)

Sumpf-Vergißmeinnicht
(Myosotis palustris)

Seggen
(Carex)

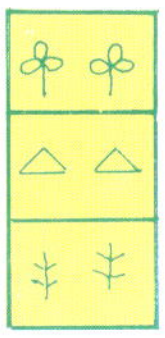

Brunnenkresse
(Nasturtium officinale)

Wasserlinsen
(Lemna)

Wasserschlauch
(Utricularia)

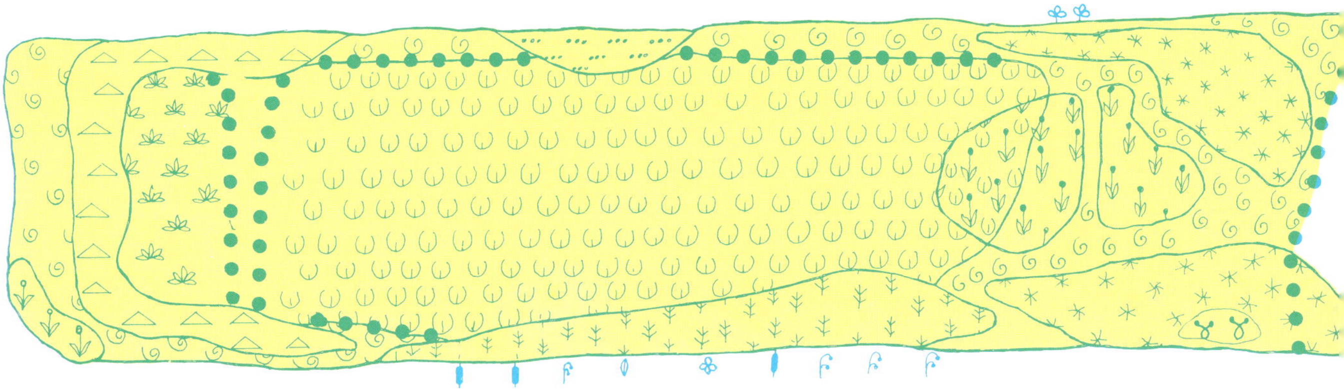

Einschätzung fest. Um die Strömungsgeschwindigkeit herauszufinden, meßt eine Entfernung von 5 m ab und errechnet dann die Zeit, die ein schwimmender Korken für diese Strecke benötigt.

Bevor ihr eine Pflanze für euer Herbarium abpflückt, vergewissert euch erst, ob sie nicht geschützt ist und noch genügend vorhanden sind, die ihr Weiterbestehen sichern. Sammelt die kleinen Tiere in zylindrischen Gläsern, fügt jeweils etwas vom Schlamm oder den Pflanzen des Fundortes hinzu; verseht den Behälter dann mit einem Etikett, auf dem ihr die Fundstelle vermerkt.

Zögert nicht, Schlammproben zu nehmen oder auch Teile der Schwimmpflanzen wie die Blätter der Mummeln, auf ihnen können zahlreiche Insekten oder kleine Frösche sitzen. Vergeßt nicht, daß auch auf einem schwimmenden Holzstück zahlreiche kleine Tiere sitzen können. Untersucht die Wurzelstöcke von Pflanzen wie die des Igelkolbens (Sparganium erectum), man findet dort zwischen den Blättern verborgen eine Unzahl kleiner Lebewesen, z. B. Insektenlarven.

Für eure Beutezüge braucht ihr Fangnetze mit unterschiedlicher Maschengröße; seht euch vor, daß ihr beim Bergen der Beute keine Verluste habt. Hüpferlinge (Cyclops) und Wasserflöhe (Daphnia) fangt ihr am besten mit dem Fangglas unter Wasser.

Vor allem denkt daran, daß nicht alle von euch gefangenen Tiere überleben können. Mäßigt euch also, nehmt nicht zuviel mit. Werft alle überschüssige Beute wieder ins Wasser zurück. So helft ihr die Arten zu erhalten, besonders die seltenen. Setzt auch die Tiere, die ihr nur ansehen, aber nicht in euer Aquarium aufnehmen wollt, wieder ins Wasser zurück. Auf diese Weise werdet ihr nach und nach alles kennenlernen, was sich in einem solchen Gewässer tummelt.

Nur mit großer Mühe und Beharrlichkeit werdet ihr eure Ausbeute richtig ein- und anordnen können. Eure Nachschlagewerke werden nicht immer ausreichend sein, fragt dann ruhig bei eurem Biologielehrer nach oder erkundigt euch bei einem erfahrenen Fischer oder Jäger des jeweiligen Gebietes.

Ein hervorragend getarnter Beobachtungsstand. Wer kann ihn entdecken?

Sicher habt ihr schon bemerkt, daß geringe Abwassermengen, die in einen Fluß geleitet wurden, nach einigen Kilometern völlig verschwunden sind; das Wasser ist dann wieder fast so sauber wie zuvor. Das liegt an der Selbstreinigungskraft des Wassers! Sie wird jedoch durch ein Übermaß an Verschmutzung gefährdet.

Wie geht diese Selbstreinigung vor sich?

Das ist ein sehr verwickelter Vorgang.

Die Selbstzerstörung

Mikroorganismen (Einzeller, Bakterien usw.) ernähren sich von organischen Abfällen; ihre Zahl wächst an, und dadurch vermindert sich das verwertbare Material. Ihre große Menge ruft wiederum eine Verschmutzung des Wassers hervor, sie hält sich aber meist im Rahmen, weil diese Bakterien sich bei zu starker Vermehrung selbst auflösen.

Verschiedene Mikroorganismen scheiden nämlich wachstumshemmende Stoffe aus, deren Wirkung erst einsetzt, wenn in einem Weiher oder Graben eine dichte Bakterienzusammenballung auftritt. Dieser Vorgang verläuft schrittweise an Wasserpflanzen wie etwa der Wasserlinse...

Noch etwas kann eintreten: Einige Bakterien sind in der Lage, andere aufzufressen. Dies geschieht jedoch nur dort an untergetauchten Pflanzenteilen, wo sich die Mikroorganismen zuvor übermäßig vermehrten.

Schmarotzertum (Parasitismus)

Viele Bakterien platzen urplötzlich auf und entlassen zahlreiche Viren (das sind Bakteriophagen – Bakterienfresser). Diese Viren waren zuvor in das Bakterium eingedrungen, haben sich dort auf seine Kosten stark vermehrt und es dadurch schließlich getötet.

Mit dem Elektronenmikroskop läßt sich zeigen, wie sich ein Virus mit seinen Schwanzfäden an die Bakterienwand heftet. Bei starker Vergrößerung sieht man seinen Kopf und das Schwanzstück.

Manche Bakterien greifen sich gegenseitig an, und der Sieger frißt dann den Besiegten. So bewegt sich Bdellovibrio (Bakterien haben fast immer nur lateinische Namen) durch schnelles Schlagen seiner Geißel zwischen anderen großen Bakterienarten rasch vorwärts.

biologische Selbstreinigung

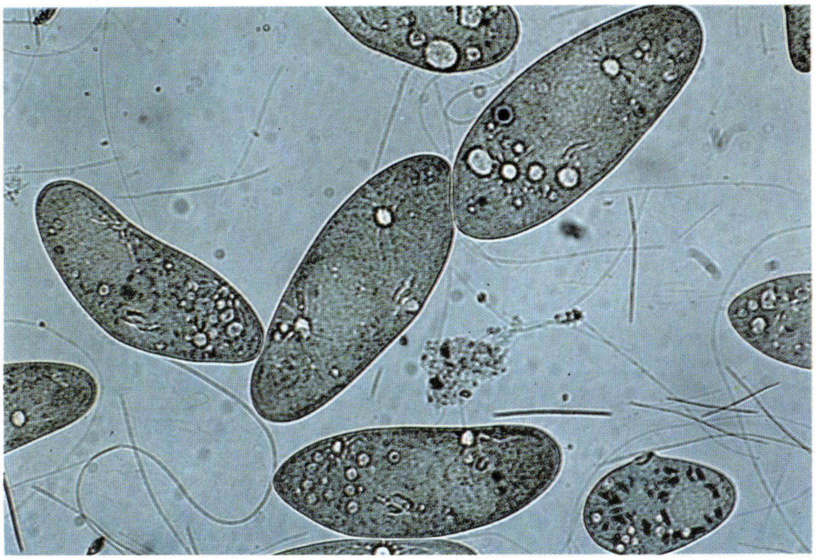

Pantoffeltierchen teilen sich durch Querteilung innerhalb 24 Stunden 3- bis 4mal (ca. 300fach vergrößert).

Plötzlich greift es ein Bakterium an, durchdringt dessen Wand, gelangt ins Innere der Beute und macht sich daran, sie zu verdauen. Schließlich nimmt der Schmarotzer, der sich inzwischen stark vermehrt hat, fast die ganze leere Bakterienhülle ein – mehr hat er von seinem Opfer nicht übriggelassen. Sobald die Hülle wegen Platzmangels aufreißt, wird eine neue Generation von Bdellovibrio frei, die sogleich damit beginnt, andere Bakterien zu erobern.

Diese den Tod bringenden Schmarotzer sind in verschmutzten Gewässern sehr unternehmungslustig und erfolgreich!

Raubzüge der Einzeller

Die tierischen Einzeller (Protozoen) bestehen aus einer einzigen winzigen Zelle. Man kann sie nur unter dem Mikroskop betrachten. Falls ihr eines besitzt, so schaut euch damit einen Tropfen Sumpf- oder Grabenwasser einmal genauer an. Noch besser: Kratzt von einer Wasserpflanze etwas Flüssigkeit ab und verwendet diese. Ihr findet darin zahlreiche Protozoenarten: bewegliche und unbewegliche. Diese Einzeller ernähren sich vor allem von Bakterien und scheinen somit das erste Glied der Nahrungskette in einem Gewässer darzustellen.

Auf festem Untergrund – einem Stock oder Stein – im Schlamm, bewegen sich Amöben (Wechseltierchen) mit ihren Scheinfüßchen *(Pseudopodien)* fort. In ihrem Lebensraum umfließen sie mit diesen Pseudopodien die dort vorkommenden Mikroorganismen und verdauen sie anschließend. Auf diese Weise tragen sie zur Säuberung des Gewässers bei.

Eine große Zahl anderer Einzeller bewegt sich mit Hilfe zahlreicher Wimpern frei schwimmend im Wasser fort. Auch die Pantoffeltierchen (Wimperntiere) besitzen solche Wimpern zur Fortbewegung und zur Nahrungsaufnahme. Sie fangen die im Wasser schwebenden Mikroorganismen, indem sie diese mit den Wimpern auf die Mundöffnung zustrudeln. Die so erzeugte Wasserströmung reißt sie in die Öffnung hinein. Sobald die Beute einmal geschnappt ist, wird sie von Verdauungssäften umhüllt, und ihr weiteres Schicksal ist besiegelt. Mit dem Mikroskop läßt sich leicht verfolgen, welch große Menge von Mikroorganismen auf diese Weise von den Pantoffeltierchen verschluckt und verdaut wird.

Wieder andere Einzeller besitzen Geißeln (Geißeltierchen). Sie leben ähnlich räuberisch, nur benutzen sie andere Waffen. All diese Faktoren der Selbstreinigung tragen dazu bei, ein Gleichgewicht der Lebewesen in einer bestimmten Umgebung sicherzustellen.

Eine Amöbe (Wechseltierchen).

Andere Pflanzen und Tiere

An dieser Selbstreinigung sind auch auf höherer Entwicklungsstufe stehende Organismen wie die seßhaften oder treibenden Rädertierchen *(Rotatoria)* oder die fadenförmigen Rundwürmer *(Nematoden)* mit ihrem dichten Hautmuskelschlauch beteiligt. Ihr Verdauungsapparat ist mehr oder weniger stark ausgebildet.

Zur gleichen Zeit versorgt das Phytoplankton (winzige pflanzliche Algen) das Wasser wieder mit Sauerstoff. Die meist grünen Fadenalgen sind lange Zellbänder, die aus aneinander gereihten einzelligen Algen bestehen, wie das Mikroskop zeigt. Sie kommen in Unmengen vor und können mit ihrem Chlorophyll (grüner Farbstoff der Alge) das im Wasser gelöste Kohlendioxid benutzen.

Manche Algen, darunter die Kieselalgen *(Diatomeen)*, besitzen ein Silikatskelett (Salz der Kieselsäure). Sie benutzen zu ihrem Gerüstbau jene Mineralsalze, die bei der Verwesung von pflanzlichen und tierischen Organismen frei werden.

Habt ihr nun eine bessere Vorstellung davon, was sich alles im Teich abspielt?

DER SCHLEICHENDE TOD DER GEWÄSSER

Manche Menschen sind überrascht, wenn man ihnen sagt: Sümpfe sind nützlich! In Mitteleuropa üben sie einen wohltuenden Einfluß auf ihre Umgebung aus. Aber danken es ihnen die Menschen, die in ihrer Nähe wohnen, überhaupt?

Die Nutzung eines Sumpfes kann unter Umständen für sein Weiterbestehen vorteilhaft sein. Durch die Beweidung der feuchten Sumpfwiesen ändert sich die Pflanzenfolge: Sie bietet vielen verschiedenen Pflanzen eine Lebenschance. Dadurch ändert sich das pflanzliche Nahrungsangebot für bestimmte Vogelarten, etwa für die Gänse und Enten.

Aber gedankenloses Eingreifen des Menschen in die natürlichen Abläufe können dem Sumpf auch schwere Schäden zufügen.

Tausend Ursachen der Verschmutzung

Da die Pflanzen stehender Gewässer vom Sauerstoffgehalt, den Temperatur- und Lichtverhältnissen und dem Säuregrad des Bodens abhängig sind, reagieren sie sehr feinfühlig auf Veränderungen ihrer Umwelt.

Leider dienen die Sumpfgebiete oft als Müllkippen, und manche Dörfer, die noch nicht an Gemeinschaftskläranlagen angeschlossen sind, leiten ihre Abwässer dorthin. Viele Anrainer zögern nicht, ihr von Wasch-

mitteln verschmutztes Wasser in die Zuflüsse der Weiher zu leiten. Das tötet natürlich die Pflanzen, wie den Wasserhahnenfuß und das Laichkraut, die Konzentrationen von 1–2,5 mg/l gelöster Reinigungsmittel nicht vertragen und verkümmern. Kein Wunder, daß in einem so betroffenen Gebiet, in dem es sonst vor Leben nur so wimmeln würde, fast nur noch gewöhnliche Pflanzen und Algen wachsen, die wenig Sauerstoff benötigen. Der Pflanzenwuchs an den Ufern ist ebenfalls bedroht. Verschmutztes Wasser führt chemische Schadstoffe heran, die Schlamm und Kies durchdringen, sich anhäufen und so die Pflanzen absterben lassen.

In der Landwirtschaft trägt die Verwendung chemischer Mittel zur Vernichtung von Unkraut und Ungeziefer oft zur weiteren Gefährdung der Natur bei.

Kunstdünger wird vom Wind und Regenwasser in noch reine Quellen und Flüsse getragen. Ferner sei die Jauche erwähnt, die trotz Verbot von großen Schweinezuchtbetrieben mancherorts immer noch in Bäche und Wassergräben geleitet wird.

Das Nutzwasser der Fabriken (Konserven-, Papier-, Glasfabriken usw.) spielt gleichfalls eine traurige Rolle. Es ist derart mit gefährlichen chemischen oder organischen Stoffen angereichert, daß es sich nicht mehr auf natürliche Weise selbst reinigen kann.

Selbst die Menschen, die in solchen Gegenden zu Hause sind, denken oft nicht daran, daß ihre Gartenabfälle und all der andere Unrat, den sie in die Bäche werfen, die Fähigkeit des Wassers zur Selbstreinigung einfach überfordert.

Heimtückischer Dünger

Die Überfülle der Schadstoffe macht das Wasser langsam zu einem „Totenreich". Die Entwicklung ist so bedrohlich, weil es fast unmöglich ist, ihren Anfang festzustellen.

Die eingeleiteten Phosphate wirken zunächst wie Düngemittel und bewirken ein übermäßiges Wachstum der Algen und Kleintiere (Plankton). Das nennt man Eutrophierung (griechisch: eu = gut; troph = nährend). Diese niederen Lebewesen entwickeln sich so gut, daß manche Weiher und Gräben völlig von Algen überzogen sind. Die chemischen Substanzen begünstigen ihre Entwicklung und zerstören Bakterien und Kleintierwelt, die sonst Konkurrenten dieser sich so maßlos ausbreitenden Algen sind. Ihr Weiterwuchern verbraucht einen Großteil des im Wasser gelösten Sauerstoffs. Damit wird den höheren Tieren und Pflanzen die Lebensgrundlage entzogen, und das klebrige Wasser beginnt faulig zu riechen. Diese schleichende Ver-

giftung ist viel gefährlicher als eine kurzfristige Verschmutzung, die uns in Schrecken versetzt, weil so viele Fische mit dem Bauch nach oben tot auf dem Wasser treiben.

Ein ganzes Sumpfgebiet kann nach und nach auf diese Weise vernichtet werden. Die schmackhaftesten Fische verschwinden zuerst, die anspruchsvolleren Pflanzen überlassen den Schlammkräutern ihren Platz.

Was kann man dagegen tun?

Man kann beispielsweise bei den politischen Parteien vorsprechen oder eine Bürgerinitiative ins Leben rufen, um den Bau einer Klär- und Wiederaufbereitungsanlage durchzusetzen, damit die Abwässer der Haushalte und Fabriken gereinigt werden. Ihr werdet euch fragen: Können *wir* denn etwas dagegen tun? Vordergründig ist dieser Zweifel berechtigt, aber eure Rolle ist wichtiger, als ihr glaubt, denn es liegt auch an euch, die Anstrengungen der Erwachsenen für die Unversehrtheit eurer Umwelt zu unterstützen. Ihr könnt ihnen helfen, Informationsmaterial zu verteilen und Unterschriften zu sammeln.

Vor allem muß man die noch sauberen Gewässer vor Verschmutzung bewahren. Dazu muß man sie erst einmal abtrennen. Ein Schleusensystem ermöglicht es, die landwirtschaftliche Nutzfläche so zu bewässern, daß sie mit den schutzwürdigen Weihern nicht in Berührung kommen; auf diese Art ist den Bauern gedient, und die wertvollen Feuchtgebiete bleiben erhalten.

Vor allem müssen die Vorschriften gegen die Verschmutzung der Sumpfgebiete beachtet werden, die streng das Ausstreuen von Dünger und Unkrautvertilgern (Herbiziden) regeln.

Auch Gespräche mit euren Kameraden, den Töchtern und Söhnen der ansässigen Landwirte, können helfen, Vorurteile zu beseitigen und eine gemeinsame Haltung zu schaffen. Weshalb sollte man nicht miteinander ein Plakat aufstellen, das zum Schutz der Feuchtgebiete aufruft? Mit Hilfe eurer Lehrer könnt ihr vielleicht in euren Schulen, in der Stadtbibliothek, im Rathaus, in den Läden und Einkaufszentrum diese Plakate aushängen und so aktiv für den Naturschutz eintreten.

Vorsicht Sturzgefahr!

Befestigt auf mehreren Holzpfosten einen Boden aus Ästen und geflochtenem Schilf. Schon habt ihr ein prächtiges Floß, auf dem – leider nur die Leichtgewichte – stehend oder sitzend Platz nehmen und die Seerosen aus der Nähe beobachten können. Aber Vorsicht vor dem Sturz ins Wasser! Für Wettkämpfe untereinander und als Spaß für die Kleinen bastelt eine Spielzeugflotte: ein Stück Rinde, Takelwerk aus Binsen, die Segel aus Stoff oder Papier, und schon habt ihr ein kleines seetüchtiges Schiffchen!

Wenn ihr die Segel aus dünner Pappe anfertigt, könnt ihr sie sogar farbenfroh anmalen.

WAS BEDEUTEN SUMPFGEBIETE IM NATURHAUSHALT?

Seit etwa 15 Jahren gibt es in Europa eine wissenschaftliche Bewegung, die sich die Aufgabe gestellt hat, zur Erhaltung der durch Austrocknung bedrohten Sumpfgebiete beizutragen.

1961 wurde in Saintes-Maries-de-la-Mer eine Konferenz von Biologen abgehalten, die den Plan MAR zur Erhaltung und vernünftigen Nutzung der in den gemäßigten Zonen liegenden Sumpfgebiete beschloß und ausarbeitete.

Die Listen der nach gründlichen ökologischen Untersuchungen eingerichteten schützenswerten Gebiete wurden im Jahre 1965 veröffentlicht.

Diese Organisation arbeitete von Anfang an mit der Internationalen Vereinigung zur Erforschung der Wasservögel und der Internationalen Jagdvereinigung zusammen.

1971 fand die erste internationale Konferenz in Ramsar statt. 1976 wurde ein außergewöhnlicher Vorstoß vom Informationszentrum für die Bewahrung der Natur beim Europarat unternommen.

Außergewöhnlicher Reichtum

Warum sollen die Anstrengungen, den Sumpf zu erhalten, verdoppelt werden?

In den vergangenen Jahrhunderten war der Mensch oft gezwungen, um seine Lebensumstände zu verbessern oder zu erhalten, große Sumpfgebiete trockenzulegen. Dies ist ihm mancherorts geglückt: er legte Wege an, erschloß neues Ackerland und rottete Krankheitsherde aus.

Unsere Zeitgenossen jedoch gehen gleich mit einem Riesenaufwand moderner Technik ans Werk und können so in kürzester Zeit weite Sumpfgebiete erschließen und für die Landwirtschaft nutzbar machen. Sie verkaufen sie auch mit großem Gewinn als Bauland. Langfristig gesehen, ist dies ein Irrtum und bedeutet nur eine Ausplünderung der letzten Reservate. Ökologen (Wissenschaftler, die sich mit der Beziehung der Lebewesen zu ihrer Umwelt beschäftigen) stellten fest, daß ein solches Sumpfgebiet eine gesunde Einheit aus Wasser, Licht und Fülle der Nutzstoffe bildet, das heißt, eine Umwelt darstellt, in der vielfältige Pflanzen- und Tiergemeinschaften in ausgewogener Verbindung miteinander leben. Sie bilden und lagern in jedem Jahr eine riesige Menge organischer Substanzen ab, und diese bereichern nach ihrer Zersetzung den Boden. Er kann dann einen noch reichhaltigeren und dichteren Pflanzenbewuchs ernähren. Liegt solch ein Sumpfgebiet an einer weiten Flußmündung oder an einer Meeresbucht, so können die anfallenden organischen Abfälle bis ins Meer hineingetragen werden und bedeuten reichliche Nahrung für die Fische. Die Erhaltung eines Sumpfgebietes dient also dem Wohl der Menschen.

Ein kostbarer „Schwamm“

Als Feuchtgebiet bezeichnet man einen Bereich des Süß- oder Brackwassers mit noch sichtbarem oder fast verschwindendem oberflächlichen Wasserstand auf

Stockenten (Anas platyrhynchos) *beim Gründeln.*

wasserdurchtränktem Boden. Folglich ist dies auch eine Zone starker Verdunstung und Wasserabgabe, wobei den Pflanzen eine wesentliche Rolle zufällt. Sie dienen der Erhaltung des Klimagleichgewichts.

Kontinentale Sumpfgebiete, vor allem wenn sie mit Flußläufen in Verbindung stehen, sind Wasserspeicher. Sie saugen alles Wasser auf, das in diesem Gebiet während der längeren Regenperioden fällt und sind so in der Lage, Überschwemmungen einzudämmen. Andrerseits stellen sie auch ein Wasserreservoir in Trockenzeiten dar, da sie ihr Wasser nur langsam abgeben. Ein Teil des versickerten Wassers trägt zur Erhaltung des Grundwassers bei, indem es die unterirdischen Wasserläufe speist.

Ein Vogelparadies

Sümpfe, Weiher und Teiche sind der natürliche Lebensraum der Enten. In diesen fast ständig überfluteten Gebieten versammelt sich die reiche Vielfalt der Vogelarten. Hier finden sie die notwendige Nahrung und Erholung während der Pausen zwischen ihren Wanderzügen und den Schutz, den sie während der Brutpflege brauchen.

Wenn man die Lebensbedingungen in den Sumpfgebieten stört, wird man auf den Anblick dieser herrlichen Wasservögel bald verzichten müssen. Muß es mit unseren Vogelparadiesen so weit kommen? Betrachtet man die überwältigende Fülle der Tierwelt in ihren vielen Erscheinungsformen, so sind die Sumpfgebiete ganz besonders schutzbedürftig.

Stätten der Erholung

Verantwortungsbewußte Naturfreunde, Fischer, Jäger, Touristen und Sportler wissen es: das Sumpfgebiet mit seinen großen Wasserflächen kann eine wunderbare Erholungsstätte sein. Verschont diese Orte vor Verschmutzungen! Setzt euch in euren Schulen, euren Gemeinden dafür ein, werdet wachsame Bewunderer und aufgeklärte Kenner dieser Landstriche! Unterstützt die Naturschützer, bereitet vielleicht einmal eine Ausstellung vor, die der Erhaltung dieser Sumpfgebiete gewidmet ist! In diesem Kapitel sind alle wichtigen Punkte angesprochen worden, die bei der Erhaltung dieser Landschaften zu berücksichtigen sind. Beim Weiterlesen wird euch sicher noch mehr einfallen, wie dieser Plan verwirklicht werden kann. Zunächst bildet Jugendgruppen und sucht das Gespräch mit Erwachsenen, die sich mit Überzeugung für die Bewahrung der Sumpfgebiete einsetzen!

Teich in einem Naturpark, ein Ort der Erholung.

Wißt ihr schon, daß...

...die Kraniche in Westeuropa seltener geworden sind, seitdem immer mehr Sümpfe trockengelegt wurden? Seit vielen Jahren nisten sie nicht mehr hier. Auch der Rückgang der Störche hat dieselbe Ursache!

... die Vögel aus der Familie der Taucher an letzter Stelle in einer langen Nahrungskette stehen? Sie ernähren sich nur von Fischen; deshalb sind die Taucher besonders von der Verschmutzung der Gewässer, vor allem durch Pestizide (Unkraut- und Insektenvernichtungsmittel), betroffen.

... eine schwache Temperaturänderung schon eine verheerende Wirkung auf das fein eingestellte biologische Gleichgewicht dieser Gegend ausüben kann? Eine Erhöhung der Wassertemperatur, wie sie durch die heißen Abwässer der Elektrizitätswerke verursacht wird, die zuerst in die Flüsse und dann in die Sumpfgebiete gelangen, ist besonders besorgniserregend.

...das Wohl dieser Wassergebiete immer mehr von der Verschmutzung durch wuchernde Algen und tierisches Plankton und der damit einhergehenden raschen Verlandung bedroht ist? Eine Gesundung wäre durch den verstärkten Anbau von Binsen möglich.

... Untersuchungen in Westdeutschland unlängst gezeigt haben, daß Binsen wie Filter wirken? Sie halten chemische Produkte und sogar die gefährlichen Mikroben des stark verschmutzten Wassers zurück. Die Binsenstengel haben nämlich unzählige Poren ($2300/cm^2$); durch sie dringt das Wasser mit seinen Schadstoffen ein. Das Gewebe dieser Binsen ist in der Lage, große Mengen von Nitrat, Phosphat, Kupfer, Kolibakterien und Salmonellen aufzunehmen. Diese Gifte gelangen in die Wurzeln, wo Gegengifte hergestellt werden, die z. B. die Salmonellen und Kolibakterien angreifen und unschädlich machen. Die Binsen zersetzen die Schadstoffe und benutzen sie sogar zu ihrem weiteren Wachstum.

... es wichtig ist, ein gut arbeitendes „Sumpfsystem" zur Selbstreinigung der Gewässer zu erhalten? Schützt und pflegt also den Schilfwald und die Binsenbestände im Sumpfgebiet, an den Weiher- und Flußufern.

MOORE

düster und schaurig?

Von allen Landschaften und Geländeformen, die vom Wasser geprägt sind, scheinen den meisten Menschen die Moore am geheimnisvollsten, vielleicht auch gefährlichsten. Groß ist die Zahl der Märchen, Sagen und Geschichten aller Zeiten, die sich um das Moor ranken, und wer nicht in einer Moorlandschaft daheim ist, neigt nur selten dazu, sie als schön zu empfinden.

Für den Naturforscher bergen die Moore keine unergründlichen Geheimnisse; für ihn gibt es keine versunkenen Dörfer oder Klöster. Aber er weiß manches Interessante über diesen eigenartigen Lebensraum zu berichten. Zum Beispiel über seine Entstehung.

Damit sich ein Moor bilden kann, muß viel Wasser zur Verfügung stehen. Oftmals ist ein kleiner See, Weiher oder Tümpel der Ausgangspunkt. Wenn vom Rand her das Pflanzenwachstum immer weiter zunimmt, wird schließlich das ganze Gewässer zuwachsen: es verlandet. Die absterbenden Pflanzen werden nur unvollständig von Mikroorganismen (Kleinlebewesen) abgebaut, da ihnen hierzu der nötige Sauerstoff mangelt. Grundwasser oder von oben einsickernder Niederschlag ist reichlich vorhanden. Auf diese Weise bildet sich aus dem toten Pflanzenmaterial Torf. Das so entstehende Moor nennt man ein Flach- oder Niedermoor. Kommt es darauf zu einer Ansiedlung von Bleich- oder Torfmoosen, so kann sich daraus ein Hochmoor entwickeln. Es hat seinen Namen nach seiner Gestalt, die man sich im Querschnitt vorstellen muß: Wie das aufgewölbte Glas einer Armbanduhr liegt das Hochmoor in einer Mulde oder

Moorlandschaft bei Worpswede

Senke. Die Moospflanzen sind ganz mit Regenwasser durchtränkt. Da sich hierdurch der Abbau noch weiter verlangsamt – der Luftsauerstoff kann nicht tief genug eindringen –, wächst es immer schneller, vor allem in seiner Mitte. Das sehr saure Wasser ist schwärzlichbraun.

Weit verbreitet sind die Niedermoore. Die Hochmoore dagegen nehmen von Norden (Skandinavien) her nach Süden ab und haben die Grenze ihres Vorkommens in den Alpen erreicht. Besonders zahlreich waren sie in den Urstromtälern des nördlichen Deutschlands; darüber hinaus finden sie sich in den Mittelgebirgen – wie Rhön, Bayerischer Wald, Schwarzwald, Vogesen, Jura – und im Alpenvorland. Leider sind sie heutigentags zum großen Teil verschwunden. Der Torf wurde abgebaut, die Moore wurden entwässert und mit großem Aufwand in landwirtschaftliche Flächen umgewandelt. 90% aller Gebiete gingen in der Schweiz in den letzten 170 Jahren verloren; nur etwa 15% blieben in Niedersachsen, dem ehemals moorreichsten deutschen Bundesland, übrig.

Damit stirbt eine überaus reiche Pflanzen- und Tierwelt allmählich aus. Wichtige Hochmoorpflanzen sind das Scheidige Wollgras, die Rosmarinheide, Moos- und Rauschbeere. Das insektenfangende Fettkraut und die bekannten ebenfalls „fleischfressenden" Sonnentau-Arten wachsen auch in Flachmooren oder Rieselfluren. Bäume wachsen nur in den Randgebieten der Moore, vor allem Birken und Formen der Bergkiefer (Spirke, Latsche). In den Moorgewässern leben einige Libellen, die an keiner anderen Stelle vorkommen können. Ringelnattern und – in entsprechenden Gebieten – Kreuzottern ernähren sich von Fröschen und Kröten, z.B. dem Moorfrosch. Manche heute selten gewordenen und daher zu den Kostbarkeiten unserer Vogelwelt zählende Arten sind in Moorgebieten zu Hause. Die großen Birkhühner haben eine starke Vorliebe für diese Gebiete und sind mit ihnen selten geworden. Ein ausgesprochener Hochmoorvogel ist der stattliche Goldregenpfeifer, der überhaupt nur hier vorkommen kann; seine Überlebensmöglichkeiten hängen davon ab, ob es gelingt, ausreichend große Moorflächen zu erhalten. Von den Greifvögeln sei die Kornweihe genannt, die Moore bevorzugt und in Mitteleuropa ebenfalls fast ganz

Entstehung eines Flachmoores aus einem Moränensee

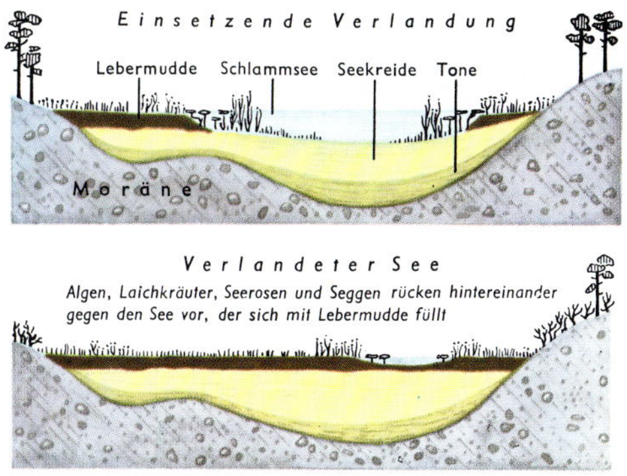

Entstehung eines Hochmoores aus dem Flachmoor

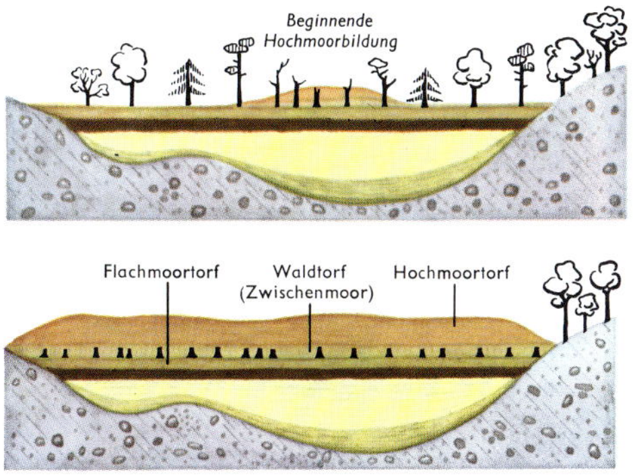

verschwunden ist. Schließlich finden sich auch der häufige Kiebitz und der seltenere Brachvogel in den Mooren.

An einigen Stellen versucht man, nach Einstellung des mancherorts seit Jahrhunderten betriebenen Torfabbaus das Gebiet wieder zu einem Moor sich zurückentwickeln zu lassen, um auf diese Weise die besondere Lebewelt zu erhalten und sich die klimaregelnden Eigenschaften des Moores für die umliegende Landschaft zunutze zu machen. Dazu muß vor allem ausreichend Wasser zugeführt werden, nachdem man früher als erstes stets versucht hat, das Moor durch die Anlage von Gräben zu entwässern. Die Aussichten für das Gelingen solcher Versuche sind nicht schlecht. Man muß aber auch dafür Sorge tragen, daß das wiederbelebte Moor ebenso wie ein noch bestehendes vor der Unvernunft von Besucherscharen geschützt wird. Der empfindliche Wasserhaushalt wird durch den Tritt allein gestört, und ein Trampelpfad führt zu Schäden, die zuweilen nicht wiedergutzumachen sind. Wer daher ein Moorgebiet besucht, soll unter allen Umständen auf den bestehenden Wegen oder Pfaden bleiben. Am besten sind lange Holzstege, die – wie am oberschwäbischen Federsee – ein Stück über dem Boden verlaufen; von hier aus hat man auch einen besseren Überblick und kann die Vögel gut mit dem Fernglas beobachten.

Schilfrohrsänger (Acrocephalus schoenobaenus).

FRÜHLING

Wenn der Winter zu Ende geht, erwacht die Natur langsam zu neuem Leben. Neue Kraft läßt die Triebe und Schößlinge der Pflanzen sprießen: die Schwertlilienbüschel treiben machtvoll ihre länglichen Blätter heraus, der Gemeine Beinwell breitet dicht seine großen Blätter aus, und die Binsen schwanken sanft im Wind.

Das Wasser der Gräben ist von einem Schleier Wasserlinsen überzogen. Diese wurzellosen, auf dem Wasser treibenden Pflanzen findet man fast zu jeder Jahreszeit. Nehmt davon einige für euer Aquarium mit. Ein Wasserfarn, der Algenfarn *(Azolla filiculoides)*, ist kaum pfenniggroß und erst unlängst aus dem tropischen Amerika eingeführt worden. Im Sommer überzieht er beinahe die ganze Wasseroberfläche wie ein rötlicher Teppich. Die Blätter der Azolla sind wie Schuppen oder Dachziegel angeordnet, das äußerste ist jeweils rötlich gefärbt, die anderen sind grün. In ihren dickfleischigen Blättern beherbergen sie ganze Kolonien von Blaualgen *(Cyanophyten)*, die jedoch nur unter dem Mikroskop sichtbar sind und mit dem Farn eine Lebensgemeinschaft *(Symbiose)* eingegangen sind.

Knospen des rötlichen Algenfarns (Azolla filiculoides); *sie breiten sich über dem grünen Teppich der Wasserlinsen* (Lemna) *aus.*

Im üppig wuchernden Verband des Großen Wasserschlauchs *(Utricularia vulgaris)* zwischen dem Feingegliederten Tausendblatt *(Myriophyllum spicatum)* und den Wassersternen *(Callitriche palustris)*, die von den Posthornschnecken *(Planorbarius corneus)* – Schnekken mit spiraligem Gehäuse – abgeweidet werden, entdecken wir eine zauberhafte Kleintierwelt. Hier beobachten wir Wasserflöhe *(Daphnien)* und Hüpferlinge *(Cyclops)*, die eigentlich kleine Krebse sind. Die Schlammwürmer sind in Wirklichkeit Larven der Zuckmücken *(Chironomus plumosus)*. Ihr Blut enthält wie das des Menschen einen roten Blutfarbstoff *(Hämoglobin)*; der Körper wirkt lederartig und nicht so weich wie der normaler Würmer.

Die „roten Würmer" fliehen in den Schlamm, sobald man sie jagt. Dort finden wir auch den Röhrenwurm *(Tubifex tubifex)*, der in einer Röhre lebt. Oft sehen wir ihn mit seinen Artgenossen an Pflanzen kleben. Jene lebhaften kleinen Larven mit den 3 Schwanzanhängen sind die Larven der Eintagsfliegen *(Ephemeroptera)*.

Anfang Februar verlieren die Frösche ihre Winterstarre. Die älteren Tiere haben schon mehrmals im Schlamm überwintert. Jetzt ist wieder die Zeit der Paarung gekommen. Wenn ihr einen Garten habt, könnt ihr ein Wasserbecken anlegen (2 m lang; 0,5 m breit;

Die Posthornschnecke (Planorbarius corneus) *ist eine Wasserlungenschnecke; daher muß sie von Zeit zu Zeit auftauchen, um an der Wasseroberfläche einen neuen Luftvorrat zu holen.*

Wie die Posthornschnecken leben die Schlammschnecken (Lymnaea stagnalis) *in ruhigen Gewässern und atmen mit Hilfe von Lungen.*

Die Kohlkratzdistel (Cirsium oleraceum) *wird 1,5 m hoch, hat nur wenige Blätter und kommt in den feuchten Auen vor.*

0,2 m tief); kleidet den Boden mit einer Plastikfolie aus, füllt Schlamm hinein, dann setzt Wasserpflanzen ein, und holt ab und zu Wasser aus dem Weiher herbei; ihr werdet miterleben, wie sich dort die Kaulquappen des Grasfrosches *(Rana temporaria)* entwickeln. Es ist leicht, die Froscheier von dem Gelege der Kröten zu unterscheiden, letztere bilden nämlich lange Schnüre, die sich wie Rosenkränze um die Teichpflanzen legen. Der Seefrosch *(Rana ridibunda)* legt seine Eier in Form von Laichballen zu Sommerbeginn ab. Um diese Zeit sieht man keinen Krötenlaich mehr.

Mitte April ist der Augenblick gekommen. Mit Fangnetzen können wir Kaulquappen des Teichmolchs fangen, die gegen Ende des Sommers ausgewachsen sein werden. Jetzt gehören Moos und große Steine ins Aquarium, denn auch in der Natur steigen die jungen Molche *(Triturus)* nach ihrer Verwandlung jetzt ans Land. Denkt daran, sonst ertrinken sie! Vielleicht habt ihr sogar einmal Kaulquappen des Salamanders in eurem Fangnetz! Auch andere Bewohner des Sumpfgebietes bieten sich zur Beobachtung an: der Teichmolch *(Triturus vulgaris)*, der Fadenmolch *(Triturus helveticus)* der Kammolch *(Triturus cristatus)* oder im Bergland und in den höheren Lagen der Alpen der schwarzbraune Bergmolch *(Triturus alpestris)*.

An einem sonnigen Apriltag wollen wir um den Tümpel bis zum gegenüberliegenden Ufer wandern... Dort fällt hinter kärglichem Schilfrohr das Ufer ab in ein Meer von struppigem Sumpfgras, an das sich ein Streifen von graugelbem Schlamm anschließt. Nehmt schnell euer Fernglas zur Hand und bleibt stehen, damit ihr kein Tier aufscheucht! Wasserläufer und Kiebitze *(Vanellus vanellus)* flitzen zwischen den Wasserpfützen herum. Ein Bruchwasserläufer *(Tringa glareola)* fliegt herausfordernd auf und zeigt im Fluge sein weißes Bürzel und die weiße, streifenlose Unterseite seiner Flügel. Ein Rotschenkel *(Tringa totanus)* bewegt sich ruckweise hin und her. Andere Wasserläufer mit großer Halskrause und rot-braun-schwarzer Färbung an beiden Kopfseiten fallen auf: es sind die Kampfläufer *Philomachus pugnax)*. Die Goldregenpfeifer *(Pluvialis apricaria)* sind auch da, besonders auffällig ist ihr dunkles goldgelb geflecktes Rückengefieder. Morgen werden diese Wandervögel schon nach den Niederlanden und Skandinavien zu ihren Nistplätzen weiterziehen.

Nur die Kiebitze lassen sich bei uns nieder und paaren sich. Jeder sucht sich sein Revier, in einer feuchten Wiese oder einem gepflügten Feld, dann startet er zur Luftparade, einem atemberaubenden Kunstflug mit langen Gleitflügen, schwindelerregenden Sturzflügen und rasanten Kapriolen. „Tüke-tüke": dieser eintönige, sich immer wiederholende Schrei durchdringt die

Luft: das sind die Sumpfschnepfen *(Gallinago gallinago)*. Ein anderer Schrei ertönt nicht weit entfernt. Eine Täuschung ist ausgeschlossen: dieses „tlaüh, traüih" stammt von dem großen Brachvogel *(Numenius arquata)*. Stellt ihn euch vor, wie er einherschreitet und mit seinem ellenlangen Schnabel im Schlamm nach Würmern herumstochert. In vielen Gebieten ist er nur Durchzügler. Wo er brütet, wählt er oft für seine Balztänze einen sumpfigen Graben aus, nistet jedoch auf Heideland oder trockenen Wiesen.

Plötzlich durchbricht ein rauher Schrei „kö-kökrö" die Stille: das ist ein Fasanenhahn.

„Ku-kuck, kuck-kuck"! Das hört man gut! Der Vogelruf erinnert uns daran, daß wir morgen in der feuchten Wiese auch noch nach der Kuckuckslichtnelke *(Lychnis flos-cuculi)* suchen können. Vom Monat Mai an beleben ihre rosafarbenen Blüten den grünen Teppich der Wiesen, sie verschwinden wieder im Sommer. Unterwegs werden wir vielleicht Stockenten antreffen, die sich dort an zarten Frühlingskräutern gütlich tun, wo sich im Januar, Februar schon die Wildgänse zu einer Zwischenlandung niederließen und wo von April an auch das blaßlila Wiesenschaumkraut *(Cardamine pratensis)* blüht.

Hört ihr dieses Schnattern, dieses harte Knattern, das von kurzen weichen Lauten unterbrochen wird? Das ist das Lied des Schilfrohrsängers *(Acrocephalus schoenobaenus)*, der die Randzonen der Sumpfgebiete ebenso bewohnt wie viele andere Mitglieder der großen Familie der Rohrsänger.

Was für eine fremdartige Welt dieser Sumpf doch ist! Eine viertel Körperdrehung, und ihr fangt mit dem Fernglas den schwerfälligen Flug des Graureihers *(Ardea cinerea)* ein. Er läßt sich gerade in seinem Horst auf einer hohen Eiche am Wandrand nieder. Ein dichter Schilfrohrgürtel trennt unseren Standort von der freien Wasseroberfläche des Weihers. Dort im Schilf ist das Revier der Rohrammer *(Emberiza schoeniclus)*; das Männchen trägt eine schwarze Kappe. Wir schrecken ein Teichhuhn *(Gallinula chloropus)* auf, es läßt einen Schlammwurm fallen und ergreift schwimmend die Flucht. Dabei stößt es abgehackte „Kürrk"- oder „Kittick"-Laute aus. Schwalben und Mauersegler jagen über das Wasser. Eine Wasserratte schwimmt mit erhobenem Kopf und einem Blatt im Maul ans andere Ufer. Ihr Schwanz zieht eine schnurgerade Linie unter Wasser ...

Stunden sind vergangen. Wir machen uns auf den Heimweg. Die Luft ist feucht, das säuselnde Rauschen des Röhrichts begleitet uns. Am pastellfarbenen Himmel des verschwimmenden Horizonts streicht beutesuchend ein Greifvogel, eine Wiesenweihe *(Circus pygargus)*, flach über Wasser und Wiesen.

Bruchwasserläufer (Tringa glareola).

Rotschenkel (Tringa totanus).

Das GRÜN im Wasser

Vom Ufer aus sehen wir deutlich, wie auf und unter dem Wasser viele Pflanzen schwimmen und treiben: sie geben dem Gewässer das Aussehen einer grünen Wiese.

Alle diese Pflanzen enthalten das wichtige Chlorophyll, das der Sauerstoffgewinnung dient. Sie nehmen das wassergelöste Kohlendioxid auf und geben Sauerstoff ab. Dazu muß aber Sonnenenergie in die Pflanzen dringen, damit sie ihr Wunderwerk vollbringen können. Fast alle diese Pflanzen entwickeln Blüten, aber man sieht sie nur selten.

Das Gemeine Hornblatt *(Ceratophyllum demersum)* kommt auch in großen, stark verzweigten Verbänden vor. Es ist wurzellos und kann genau so meterlange Ausdehnung annehmen wie das Ährentausendblatt. Mit seiner dreigabligen Blattanordnung erinnert es an die Blattquirle des Ährentausendblattes, aber die einzelnen Blätter sind nicht so feingliedrig, daran kann man beide Pflanzen leicht unterscheiden.

Die unscheinbaren rötlichen Blüten können weiblich oder männlich sein. Sie entwickeln sich an den Blattachseln, öffnen sich unter Wasser und vollziehen dort ihre Befruchtung: In allerkleinsten Flocken fällt sacht der Blütenstaub auf die weibliche Blüte.

Dieser Vorgang ist für Wasserpflanzen ungewöhnlich, denn im allgemeinen sind sie nur ans Wasser angepaßte Landpflanzen. Sie haben die Befruchtung in der Luft durch Insekten und Wind nur beibehalten, weil ihre Blüten noch aus dem Wasser ragen.

Beim Hornblatt gibt es zusätzlich eine ungeschlechtliche Art der Vermehrung, wie das Ährentausendblatt überwintert es in Brutkapseln.

Das Ährentausendblatt *(Myriophyllum spicatum)* siedelt in großen Mengen unter Wasser und wurzelt im Grund. Es trägt viele unscheinbare rosa Blüten, die oft getrenntgeschlechtlich sind. Die Ähren ragen senkrecht aus dem Wasser. Man findet es in Teichen und Wassergräben; es ist sehr kräftig und gedeiht in kalten wie in wärmeren Gewässern. Seine gefiederten, kammförmigen Blätter sind auf die Mittelrippe reduziert und in Quirlen zu drei bis sechs Vierer-Gruppen angeordnet. Diese Blattform wird man an Landpflanzen vergeblich suchen, denn sie ist ganz dem Leben im Wasser angepaßt. Die Strömung kann das Blatt nicht zerreißen; durch die Fiederung ist die Gesamtoberfläche vergrößert und dadurch wird der Gasaustausch erleichtert.

Das Ährentausendblatt blüht am Ende des Frühjahrs und im Sommer, im Winter scheint es verschwunden. Es überdauert die kalte Jahreszeit in schützenden Winterbrutknospen (Hibernakeln), die sich von der Pflanze abgelöst haben, auf den Grund gesunken sind und im folgenden Frühjahr wieder ausschlagen.

Das Ährentausendblatt verbreitet sich durch ungeschlechtliche, vegetative Vermehrung. Das heißt: sobald ein Stückchen der Pflanze abreißt, wächst daraus eine neue Pflanze heran.

Die Kanadische Wasserpest *(Elodea canadensis).* Die dünnen Stengel der Wasserpest sind entweder im Grunde verwurzelt oder treiben wurzellos im Wasser. Durch diese uneingeschränkte Beweglichkeit verbreitet sich diese Pflanze leicht über das gesamte Gewässer. Da von der Kanadischen Wasserpest nur weibliche Sprossen nach Europa gelangten, sind ihre rötlichen Blüten nur weiblich. Die Fortpflanzung erfolgt

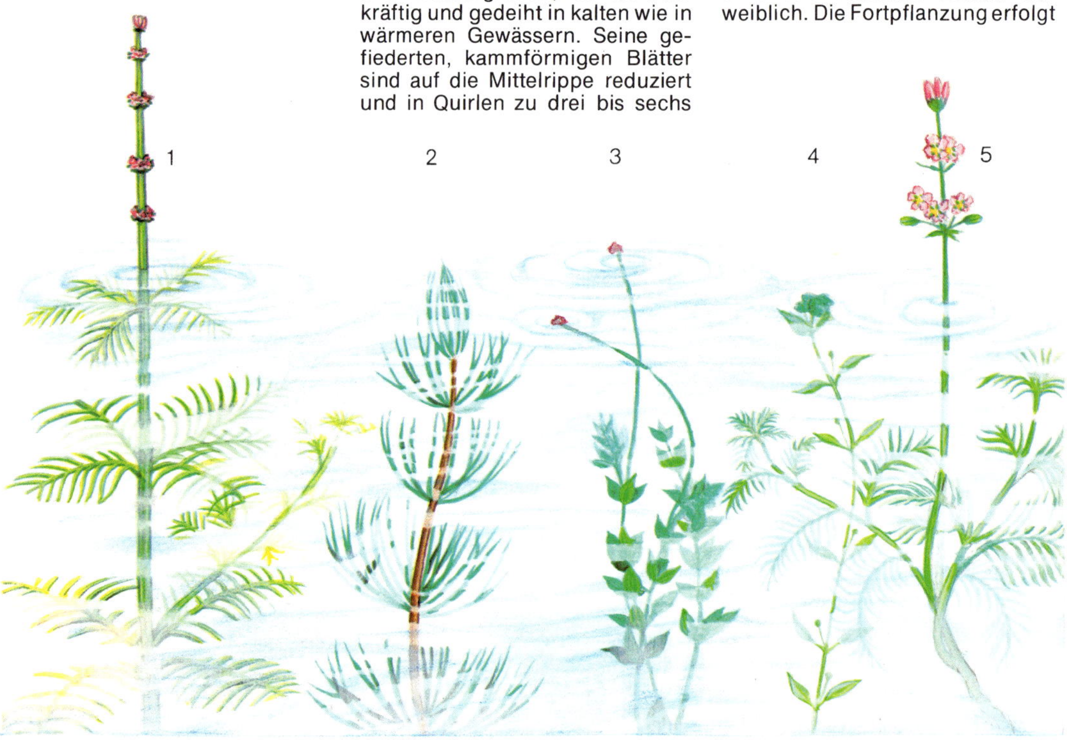

1 Ährentausendblatt (Myriophyllum spicatum). – *2 Gemeines Hornkraut* (Ceratophyllum demersum). – *3 Kanadische Wasserpest* (Elodea canadensis). – *4 Sumpfwasserstern* (Callitriche palustris). – *5 Wasserfeder* (Hottonia palustris).

vegetativ oder durch Hibernakeln wie beim Hornblatt und Ährentausendblatt. In der Mitte des 19. Jahrhunderts wurde sie aus Amerika über Irland nach Mitteleuropa eingeschleppt. Ihre lange Reise hat sie so gut überstanden, daß ihre üppige Ausbreitung manchmal sogar die Schiffahrt behinderte und sie zur Wasserseuche wurde.

Diese Wasserpest erweist sich aber für unser Aquarium als sehr nützlich: einmal sieht sie hübsch aus, und zum anderen liefern ihre lanzettförmigen Blätter, die 3zählig in Quirlen stehen, reichlich den für unsere „Pensionsgäste" so nötigen Sauerstoff.

Der Sumpfwasserstern *(Callitriche palustris)* ist ein sehr kleines schwimmendes Pflänzchen, hat zarte zerbrechliche Blätter, von denen sich jeweils 2 gegenüberstehen. Diese hellgrünen Blätter sind deutlich länger als die der Wasserpest. Da man den Wasserstern auch im Winter antreffen kann, ist er für den Aquariumsbesitzer besonders wichtig, wenn er während der kalten Jahreszeit abgestorbene Pflänzchen ersetzen muß.

Wasserfeder *(Hottonia palustris).* Die Wasserfedern leben in großen Ansammlungen. Sie bieten einen herrlichen Anblick, wenn ihre kleinen blaßrosa Blüten zum Blühen kommen. Die Blüten bestehen aus 5 Kronblättern; sie ragen an einem graziösen Schaft aus dem Wasser heraus. Ihre Blätter bilden keine Wirtel (Quirle), sondern eine Blattrosette. Mit Hilfe dieses Merkmals kann man sie gut von dem ähnlichen Ährentausendblatt unterscheiden.

Zwischen Mai und Juni kann man diese hübschen zartrosa Flecken auf dem Wasser am besten fotografieren.

Schließlich noch ein Wassermoos. Ja, das gibt es: Moose im Wasser! Verwechselt dieses **Fieber-Quellmoos** *(Fontinalis antipyretica)* nicht mit der Wasserpest. Sie zeigen beide das gleiche Grün. Die viel kleineren Blätter sind aber spiralig angeordnet, dabei bilden sie einen Winkel von 120 Grad. Dieses Unterwassermoos besitzt keine Blüten und pflanzt sich wie die Wasserpest vegetativ fort. Meistens ist es an Steinen oder Holz festgewachsen.

Ein Teppich von Wasserlinsen

Ein Nestflüchterjunges des Teichhuhns (Gallinula chloropus) *hat sich inmitten eines Teppichs von Wasserlinsen auf einen schwimmenden Ast gerettet.*

Ihr werdet bald auf einen grünen „Konfettihaufen" stoßen. Das sind Wasserlinsen, sie schwimmen auf dem Wasser wie kleine Flöße. Sofort könnt ihr unterschiedliche Arten feststellen: die großen und die kleinen Wasserlinsen. Für diese Bezeichnung ist aber nicht die Größe entscheidend. Die Kleine Wasserlinse – oder Entengrütze *(Lemna minor)* – besitzt nur eine einzige Wurzel an ihrem Laubglied (Blatt), bei der großen Dreifurchigen *(Lemna trisulca)* besitzt jedes Laubglied ein Wurzelbüschel. Für ihre „Seereisen" sind sie sehr kräftig und ausdauernd gebaut: wie kleine seetüchtige Galeeren treiben sie im Wasser umher.

Selbst wenn ihr in sehr verschmutzten Gräben die Hände durchs Wasser zieht, sind sie über und über mit diesen kleinen grünen Scheiben bedeckt. In zu großen Massen verhindern die Wasserlinsen, daß genügend Licht zu den tiefertreibenden Pflanzen vordringt. Ohne Sonnenenergie kann eine grüne Pflanze jedoch nicht leben!

Die Kleinen Wasserlinsen blühen selten, vermehren sich rasch (1 Woche), indem an ihren Blatträndern neue Sprößlinge auswachsen, die sich bald ablösen.

Die große Dreifurchige Wasserlinse *(Lemna trisulca)* mit ihren 2–3 kreuzweise gestellten spitzen Laubgliedern bildet lange, verzweigte Ketten. Sie kommt nur an sehr sauberen Gewässern vor, ist also gegen Verschmutzung jeder Art anfällig. Es ist immer ein schlechtes Vorzeichen, wenn sie plötzlich verschwindet.

Sicher habt ihr auch schon die Bucklige Wasserlinse *(Lemna gibba)* gesehen. Täuscht euch nicht! Es handelt sich nicht um eine leicht veränderte kleine Wasserlinse, sondern um eine neue Art!

Die Wasserlinsen gehören mit einigen weiteren Verwandten zu den kleinsten Blütenpflanzen. Man weiß nicht genau, mit welchem Ausdruck man die runden Blätter belegen muß, da das Wasserleben bei ihnen ganz normale Pflanzenorgane hat verschwinden lassen. Aber ganz sicher handelt es sich um sehr vereinfachte höhere Pflanzen.

Eine andere Pflanze, die leicht mit den Wasserlinsen verwechselt werden kann, ist das Lebermoos *(Ricciocarpus natans).* Es bildet kleine grüne Scheibchen aus, die von Härchen besetzt sind und im Wasser wie Perücken aussehen.

Viele Tiere lieben den schützenden Schatten der Wasserlinsen, andere ernähren sich von ihnen. Nehmt ein paar dieser Pflanzen mit für euer Aquarium, aber übertreibt nicht!

Vorsicht Kleintierfallen!

In den Gräben zwischen den Sümpfen könnt ihr die hellgrünen Sprossen des Wasserschlauches *(Utricularia vulgaris)* im Wasser schweben sehen. An dem verwirrend verästelten und stark behaarten Schlauchgerüst sitzen viele Blätter, die in feine Zipfel auslaufen. Im haarigen Durcheinander findet ihr außerdem sackförmige Blasen, die mal hell-, mal dunkelgrün erscheinen. Vielleicht glaubt ihr sofort, daß diese kleinen Kugeln der Pflanze bei der Fortbewegung helfen, da sie wurzellos sind.

Schneidet mit einer Rasierklinge solch eine Blase einmal auf und schaut sie unter dem Mikroskop an. Was für eine Überraschung! Ihr erkennt die Überreste von Tieren (Wasserflöhen und anderen kleinen Krebstieren). Diese Bläschen sind entstanden, um die im Hochwasser auftretende Nährstoffarmut auszugleichen: sie müssen zusätzlich für Nahrung sorgen.

Ihr habt schon gemerkt, daß der Wasserschlauch eine fleischfressende Pflanze ist, die durch das zusätzliche Eiweiß der erbeuteten Tiere ihren Stickstoffmangel mildert. In seinen Fangblasen herrscht Unterdruck. Kleine Tiere, die an den Klappmechanismus dieser Blase stoßen, werden durch den entstehenden Sog unweigerlich ins Innere gesogen. Gefangene Tiere werden mit Hilfe eiweißspaltender Stoffe (Enzyme) verdaut, die das Bläschen zuvor ausgeschieden hat. Die Härchen verhindern eine Flucht aus diesem Gefängnis.

Wer denkt schon daran, wenn Anfang Juni der Wasserschlauch seine zarten gelben Blüten über die Wasseroberfläche reckt, daß sich in der Tiefe vielleicht gerade ein derartiges Drama abspielt? Betrachtet die Blüten genau mit der Lupe. Sie sind 2lippig, ähnlich einem Wolfsrachen, die obere Lippe ist etwas dicker.

Führt ihr diesen Wasserschlauch in euer Aquarium ein, so merkt ihr sehr bald, daß er sich einen schönen Anteil der von euch eingesetzten Beutetiere für eure Fische und andere Gäste wegschnappt. Im Aquarium bleiben diese Pflanzen das ganze Jahr über grün, blühen aber nicht. Draußen, in den Teichen und Gräben, sterben sie in einem harten Winter ab. Zuvor bilden sie aber noch Überwinterungskapseln, wie wir sie von anderen Wasserpflanzen schon kennen.

Der Igelkolben (Sparganium erectum) *ist eine See- oder Wasserpflanze von etwa einem Meter Höhe; die unteren dreieckigen Stengel verästeln sich nach oben, die Blüten sitzen in kugeligen Köpfchen – wie ein Igel – darauf. Die männlichen Blüten befinden sich oben, die etwas größeren weiblichen etwas tiefer am Stengel.*

Ein Weißstorch (Ciconia ciconia).

Wie man sich wieder säubern kann

Bei dieser Schlamm- und Sumpfarbeit habt ihr euch sicher die Hände schmutzig gemacht. Das ist nicht weiter schlimm! Die zerquetschten Blätter und Stengel des Seifenkrautes *(Saponaria officinalis)* sind nämlich eine hervorragende Seife. Die Pflanze mit den hübschen rötlichen Blüten trägt diesen Namen wegen ihrer harzigen Wurzeln, die Saponin enthalten; sie werden sogar noch heute zur Herstellung von Seifen verwendet.

Oder kocht einige Wurzeln des Aronstabs *(Arum maculatum* – Vorsicht giftige Pflanze!) aus, ihr werdet auch daraus eine gute Seife erhalten.

Um euren Eimer auf Hochglanz zu bringen, benutzt die Stengel des Schachtelhalms *(Equisetum telmateja)*. Seine widerstandsfähigen und geschmeidigen Stengel müssen ganz trocken sein, wenn ihr damit polieren wollt. Die zu Boden gefallenen Blätter, und was sich so an Abfall ansammelt, könnt ihr mit einem Birken- oder Erlenreisigbesen zusammenkehren. Diese Bäume wachsen im Waldgürtel am Rande der Teiche.

Das Gebiet der Uferzonen und des Faulschlamms

Noch im März kann man die Schilfbestände (Phragmites communis) *des vergangenen Jahres sehen.*

Ein üppiger, etwas einseitiger Pflanzenbewuchs bildet um den Sumpf herum einen deutlich abgegrenzten Gürtel. Die Pflanzen haben hier meist ihre Wurzeln noch im Wasser, können aber, sobald sich der Wasserpegel im Sommer absenkt, mit weniger Feuchtigkeit auskommen. Sie sind halb Wasser-, halb Landpflanzen.

Schilf *(Phragmites communis)*, Rohrkolben *(Typha latifolia)*, Igelkolben *(Sparganium erectum)* und die Sumpfsimse *(Eleocharis palustris)* sind unter ihnen die widerstandsfähigsten und kräftigsten Pflanzen. Ihre Wurzeln bilden lange neue Triebe aus, mit denen sie sich rasch verbreiten, dabei überwiegt die ungeschlechtliche Vermehrung. Ihr üppiges Wachstum muß ständig überwacht werden, denn nur so läßt sich verhindern, daß sie alles überwuchern und zur rascheren Verlandung des Sumpfes beitragen.

Dunkelbrauner Kolben von Typha latifolia.

Der Rohrkolben (Typha latifolia) *ist an den Gewässern sehr verbreitet. Er wird bis zu 2 Metern hoch, besitzt einen aufrechten Stengel und lange kräftige schwertförmige Blätter. Der Blütenstand wird aus 2 zylindrischen Kolben gebildet, beide sitzen am selben Schaft. Der untere, dunkelbraune Blütenteil besteht nur aus weiblichen, der obere nur aus männlichen Blüten.*

Ein Binsenbüschel (Juncus).

Rohrsänger im Sumpfgebiet

Vielleicht dürft ihr einmal früh morgens die Jagdhütte eurer Freunde benutzen. Besser noch, ihr baut euch eine eigene Schutzhütte dicht am Schilfrand. Ihr seid zu beneiden! Alle Geräusche des Sumpfgebietes dringen bald zu euch, und die Natur scheint so kurz vor dem morgendlichen Erwachen noch zu frösteln.

„Karre, Karre", dieses feine Quaken läßt euch sicher an einen Frosch denken. Unmittelbar darauf folgt ein rasches „Krik-Krik", das kann kein Frosch sein! Nehmt euer Fernglas! Nach einigen Augenblicken bewegt sich leicht das Schilf, und ein Vogel, beinahe so groß wie die uns bekannte Singdrossel, erhebt seine wohlklingende Stimme nur wenige Meter von eurem Beobachtungspunkt entfernt.

Kurz darauf ertönt aus dem Schilfrohrwald die Antwort eines Artgenossen auf diesen Ruf des Drosselrohrsängers *(Acrocephalus arundinaceus)* und dann noch einer. Der rostfarbene Rohrsänger gefällt euch sicher. Der lange, schmale Schnabel verlängert die Linie des Kopfes, so daß der Vogel während des Fluges die Luft zu spalten scheint.

Dieser Rohrsänger – der größte aus seiner Familie mißt 19 cm von der Schnabel- bis zur Schwanzspitze – nimmt auch im Gelände sehr viel Platz für sich in Anspruch. Ein Hektar Röhricht scheint ihm das richtige Maß für sein Revier, in dem er in der zweiten Aprilhälfte Einzug hält.

Mit seinem grauen Bauch ähnelt das Rohrsängerweibchen dem Männchen, das auch eine helle Borte an der Augenbraue trägt. Im Mai erbaut das Weibchen allein einen halben Meter über der Wasseroberfläche das kleine Hängenest. Es hat dazu recht lange, feine Blätter ausgewählt, die noch nicht ganz trocken sind, es könnte sie sonst nicht mehr zurechtbiegen. Der Vogel wickelt sie ein paarmal um die Rohrstangen, knüpft und kreuzt sie hin und her, alles mit Hilfe seines Schnabels und seiner Krallen. Anschließend wird das Nestinnere mit den flockigen Blütenständen der Pappeln und des Röhrichts ausgelegt. Während des Nestbaus trocknen die Pflanzenfasern, verkürzen sich, legen sich eng um die Rohrstangen – das Nest haftet sturmfest.

Das Weibchen des Drosselrohrsängers legt 4–5 grünliche Eier, die von den Eltern gemeinsam in 10–15 Tagen ausgebrütet werden. Nach dem Schlüpfen werden die Kleinen – die Schnäbel ständig vor Hunger aufgesperrt – mit Larven von Schnaken, Eintagsfliegen und Libellen gefüttert. Die Jungen bleiben nicht lange im Nest, sie entfernen sich schon bald, ohne jedoch aufzufliegen. Nach 15 Tagen sind sie in der Lage, allein zum Nest zurückzukehren. Sie turnen geschickt auf dem Schilfrohr herum und sind jetzt nicht mehr in Gefahr, von Wasserratten, Nattern und Reihern erbeutet zu werden. Ende August bereitet sich der Drosselrohrsänger darauf vor, unsere Heimat zu verlassen. Er will zu den großen Rohrwäldern in Zentralafrika. Seine Reise geht über Nordafrika und die Sahara. Bis Ende April wird er wieder zurück sein.

Etwas später, Anfang Mai, kommt aus Afrika sein Vetter, der Teichrohrsänger *(Acrocephalus scirpaceus)*. Dieser ist sehr viel kleiner, er mißt kaum 12 cm und wiegt etwa 10 Gramm.

Unsere beiden Rohrsänger teilen den gleichen Lebensraum. Der große Drosselrohrsänger nähert sich kaum dem Ufer. Man braucht geradezu Stelzen, um sein Nest zu entdecken. Der Teichrohrsänger lebt ganz am Rande des Sumpfes, dort wo unsere Stiefel fast im Schlamm stecken bleiben.

Da kommt schon einer und läßt sich auf einem Rohrkolben nieder. Aufgeschreckt flüchtet er, und wir hören seinen Angst- und Wut-

Das aus Schilfblättern geflochtene Nest des Drosselrohrsängers.

Der Kuckuck (Cuculus canorus) *läßt sein Ei oft von Rohrsängern ausbrüten, die dann den jungen Kuckuck aufziehen.*

Das Weibchen eines Drosselrohrsängers (Acrocephalus arundinaceus) *füttert seine Jungen außerhalb des Nestes.*

schrei „Tschar-Tschar". Schade, daß ihr die rot-gelbe Kehle nicht sehen könnt, die jetzt sichtbar wird, wenn er sich aufreckt und ruft. Sein Hängenest ähnelt dem des großen Drosselrohrsängers. Vier Eier liegen darin, aus ihnen werden ebenso geschickte Turner ausschlüpfen, die schon lange klettern können, bevor sie wissen, wie man fliegt.

Achtet mal auf den Kuckuck! Beim Überfliegen des Schilfes erspäht er mit Leichtigkeit das Nest des Drosselrohrsängers, wahrscheinlich hat er einen besonderen Instinkt dafür. Er ist ein ausgemachter Faulpelz, denn er baut weder ein eigenes Nest, noch kümmert er sich um seine Jungen. Das überläßt er anderen, nachdem er sein Ei in deren Nest geschmuggelt hat. Solch ein Kuckucksei ist oft doppelt so groß wie das Ei des Rohrsängers. Schließlich wirft der frisch geschlüpfte Kuckuck sogar noch die Eier des Drosselrohrsängers hinaus, aus denen etwas später die Brut schlüpfen würde. So räumt er die „Kinderstube", die bald für ihn zu klein wäre, rechtzeitig aus und belegt sie allein. Er fordert unablässig nach neuer Nahrung, und seine „Eltern wider Willen" stopfen den gefräßigen jungen Kuckuck mit allem Eifer.

Drosselrohrsänger und Teichrohrsänger ziehen in der Regel keine zweite Brut auf. Ihnen droht aber eine weitere Gefahr, die Nachkommenschaft eines ganzen Jahres zu verlieren: Sie sind sehr scheu. Man darf sich ihnen deswegen nur behutsam nähern und das Nest in ihrer Abwesenheit keinesfalls berühren, sonst verlassen sie es! Glücklicherweise kann ihnen Hochwasser weniger anhaben: Sie retten sich ins Trockene, indem sie ihr Nest an den Schilfhalmen emporschieben.

Die Zwergdommel (Ixobrychus minutus) *baut ihr Nest im Schilf, 20–30 cm über dem Boden. Sie scheint beunruhigt, denn sie hat sich zur Tarnung aufgerichtet und die „Pfahlstellung" eingenommen.*

NESTER IM SCHILF

Die Rohrammer *(Emberiza schoeniclus)* nistet im Dickicht, das sich an den Schilfgürtel anschließt. Ihr kristallklarer Gesang bezeichnet jedem Eindringling die Grenzen ihres Reviers. Sie trägt ein kohlschwarzes Käppchen, ein ebensolches Brustteil und einen braunen Mantel mit feinen schwarzen Streifen. Im Nacken schimmert ein weißer Kragen. Wir sehen, wie gut ihr Gefieder an die senkrechten Linien des Röhrichts und an die Farben des trockenen Schilfes angepaßt ist, viel besser als beim Drosselrohrsänger. Ende April beginnt sie mit dem Bau ihres Nestes dicht am Wasserrand in einem Gewirr von Brombeergestrüpp und kleinen Ästen. Das Weibchen baut das Fundament seines Nestes, indem es trockene Blätter zwischen alten Schilfstengeln anbringt. Dann drückt es mit seiner Brust eine Mulde hinein und dreht sich langsam um sich selbst, bis die richtige Ausdehnung entstanden ist. Schließlich sind alle Halme miteinander verknüpft, das Meisterstück ist fertig. Nach einem Ruhetag kann das erste von fünf Eiern gelegt werden.

Die Eltern schaffen unablässig grüne Raupen, kleine Schmetterlinge und Libellen für ihre Jungen herbei, die noch mit einem schwärzlichen Flaum bedeckt sind. Sie zeigen dabei große Umsicht, um das schwankende Nest nicht in Gefahr zu bringen. Nach 12 Tagen setzt sich das pfiffigste der Jungen auf den Nestrand und klettert von dort auf einen nahen Ast. Die anderen machen dieses Kunststück bald nach.

Ende Oktober sammeln sich fast alle unserer Rohrammern und ihre Verwandten aus dem Norden, um in kleinen nächtlichen Etappen gegen Süden zu fliegen.

Der Schilfrohrsänger *(Acrocephalus schoenobaenus)* bewohnt die locker mit Schilf und viel Unterwuchs bestandenen Randzonen des Sumpfgebietes. Von dort aus beginnen die Männchen häufig ihre kurzen Singflüge. Wir haben ihren lebhaften Gesang schon gehört, als sie Ende März von Afrika zurückkamen.

Das Teichhuhn (Gallinula chloropus) *errichtet sein Nest knapp über der Wasseroberfläche zwischen den Pflanzen des Teiches (hier: Wasserlinsen).*

Der Schilfrohrsänger bewohnt das buschige Gestrüpp, das den Weiher umgibt. Sein Nest liegt gut getarnt; es ist vom Weibchen sehr sorgsam, etwa 60 cm über dem Boden gebaut worden. Anfang Mai liegen 5–6 Eier im Nest. Sie werden ungefähr 2 Wochen lang bebrütet. Das brütende Weibchen wärmt die Kleinen noch mehrere Tage lang; sie verläßt ihr Nest nur, um nach Nahrung zu suchen. Man kann sie wegen ihres rotbraunen Bürzels im Unterwuchs kaum aus den Augen verlieren. Bei den Schilfrohrsängern sehen Weibchen und Männchen gleich aus.

Im gleichen Lebensraum wie der Schilfrohrsänger, vorwiegend in der Nähe der Weiden, lebt bei uns ein anderer Rohrsänger. Er sieht dem Teichrohrsänger sehr ähnlich, ist aber mit einem braun-olivfarbenen Mantel bedeckt: Das ist der Sumpfrohrsänger (Acrocephalus palustris).

Alle Rohrbewohner besitzen gut angepaßte Füße für ihr Leben im Schilf. Sie sind braun und schlank; ihre langen Zehen tragen scharfe Krallen, wahre Pinzetten. Diese geben ihnen einen festen Halt bei ihren geschickten Turnübungen.

HÖHLEN-BRÜTER

Ein leuchtendes Blau, ein schriller Schrei, dicht am Ufer in Höhe der Wasseroberfläche spritzt etwas vorbei: Das war ein **Eisvogel** *(Alcedo atthis)!* Er ist von kleinem untersetztem Wuchs, aber sehr lebhaft (klein aber oho!). Ihr seht ihn oft im „Ansitz" auf Stangen und Pfählen nach Beute spähen. Er hat immer Appetit, einen Riesenappetit sogar.

Wenn er einen kleinen Fisch mit seinen durchdringenden Augen erblickt, etwa einen Stichling, stürzt er sich kopfüber auf ihn. Männchen und Weibchen werden oft ihrer glitzernden Federn wegen gejagt. Damit sollte endlich Schluß sein! Tötet nie ein Lebewesen, nur um es auszustopfen. Wenn ihr ein totes Tier findet, könnt ihr es zum Präparator bringen und ausstopfen lassen. Sonst aber macht lieber Fotos!

Mit ein wenig Geduld können wir im Frühling beobachten, daß der Eisvogel nicht nur für sich, sondern auch für seine 5–7 Jungvögel fischt. Das Nest wird von den Eltern gemeinsam am steilen Ufer unter dem Schutz des überhängenden Erdreichs gegraben. Das Pärchen fliegt immer wieder an die zuvor ausgesuchte Stelle des Steilhangs und hackt mit den Schnäbeln Erde heraus. Je nach Bodenbeschaffenheit dauert diese Grabarbeit verschieden lang. Der so entstehende Gang vergrößert sich am Tag um einige Zentimeter. Oft dauert es eine Woche, bis solch eine Höhle fertig ist.

Männchen und Weibchen teilen sich in die Aufgabe des Ausbrütens. Das dauert etwa 20 Tage; daran schließt sich die Aufzucht der Jungen an. Um das „Haus" sauber zu halten, geben die Jungen ihren flüssigen Kot (ausschließlich Fischnahrung) dicht vor dem Höhleneingang ab, wo er versickert.

Der Eisvogel kann bis zu dreimal im Jahr brüten. So gleicht er die Verluste aus, die ihm von Räubern (z. B. Nagern) zugefügt werden. Die Sterblichkeit in einem harten Winter ist beträchtlich.

Die **Uferschwalbe** *(Riparia riparia)* ist die kleinste der einheimischen Schwalbenarten, sie trägt ein braunes Gefieder. Sie gräbt ihre Nestgänge wie der Eisvogel an steilen Uferhängen. Sie ist arm dran, denn sie hat nicht so gut ausgebildete Zehen wie der Eisvogel. Auch mit dem Schnabel ist sie nicht so geschickt. Es gelingt ihr nur mit großen Anstrengungen und viel Zeitaufwand, ihre Höhlengänge auszuarbeiten. Ihre Höhle ist – wie die des Eisvogels – beinahe waagerecht, aber nur halb so lang (0,50 m).

Ihr Gelege besteht aus 5 Eiern, die von den Eltern gemeinsam ausgebrütet werden; auch bei der Nahrungsbeschaffung für die Jungen teilen die Eltern sich die Arbeit.

Wie andere Schwalben (Mehl- oder Rauchschwalbe) findet die Uferschwalbe jedes Jahr wieder zu ihrem alten Höhlennest zurück, denn sie besitzt einen ausgeprägten Ortssinn.

Die Uferschwalbe ernährt sich von Fliegen und anderen Insekten. Sie ergreift ihre Nahrung im Flug. Zwar ist sie bei den Menschen wohlgelitten, aber sie ist häufig von Insektenbekämpfungsmitteln (Insektiziden) bedroht. Das Gift wird durch die erbeuteten Insekten aufgenommen, sammelt sich im Körper des Vogels an und tötet ihn schleichend. Dabei werden auch ihre Eier geschädigt, und die Jungen kommen nicht mehr zum Schlüpfen. Es werden also zwei Generationen vernichtet!

Der Mißbrauch von Insektenvernichtungsmitteln stellt für die ganze Natur eine Gefahr dar. Vom Regen werden sie in die Flüsse gespült, wo sie die Fische schädigen. Die Tiere zahlen den Preis dafür, daß der Mensch mit chemischen Mitteln seine Nahrung sichert.

Eisvögel und Uferschwalben sind keineswegs die einzigen Vögel, die Höhlen als Nester benutzen. In den Küstensümpfen werden häufig alte Kaninchenbauten von der Brandgans (Tadorna tadorna) zu Nistplätzen umgewandelt.

Ein Eisvogelpärchen (Alcedo atthis).

Die Uferschwalben (Riparia riparia) *nisten in der Nähe der Gewässer in Höhlen; hier haben sie ein Sandloch gegraben.*

Die Frösche sollen leben!

Ein quakender Frosch zwischen dem Laichkraut. Man sieht deutlich die beiden Schallblasen, die seitlich aus seinem Maul ragen.

Teiche und Sümpfe sind Paradiese für alle Froscharten. Wir können gar nicht alle aufzählen, die sich hier tummeln. Ihr kennt vielleicht den Seefrosch *(Rana ridibunda)*, sicher aber den Grasfrosch *(Rana temporaria;* Größe: 7–9 cm*)*.

Dieser erwacht Anfang März in seinem feuchten Wiesenversteck. Er macht sich schnell zu seinem Tümpel auf den Weg, den er nicht mehr verlassen wird, bis er in geringer Tiefe mehrere Laichballen mit über 1 Million Eier abgelegt hat. Ein einziger Ballen des Grasfrosches enthält manchmal bis zu 4000 Eier, die, durch eine Gallertmasse (elastisch und durchsichtig) verbunden, auf dem Wasser treiben. Viele andere Seefroscharten legen ihre Eier ebenfalls in Teichen ab, der Springfrosch *(Rana dalmatina)* schon vom Februar an. Mit seinen überlangen Hinterbeinen erreicht er eine Sprungweite von etwa 2 m.

Der Frühling lockt sie aus ihren Winterquartieren; großes Gequake dringt zu uns aus den Gräben und Sümpfen. Abends und nachts rufen die Männchen aus allen Ecken des Teiches. Sie sitzen dann friedlich auf den großen Blättern der Seerose oder tauchen ihre meist mit Wasserlinsen geschmückten Köpfe zwischen den treibenden Pflanzen auf. Der wohlklingende und für Froschmännchen so typische Gesang wird durch zwei Schallblasen, die an jeder Kinnbacke sitzen, erzeugt. Die Männchen unterscheiden sich außerdem von den Weibchen durch ihre verlängerten Zeigefinger und das Fehlen der Daumen an den vorderen Gliedmaßen.

Sicher habt ihr schon ein Froschpärchen gesehen, das wie angewachsen aufeinander saß. Das kleinere Männchen hat sich auf den Rücken des Weibchens geschwungen und hält es nun krampfhaft zwischen den Beinen fest. Daumen, Handgelenk und Vorderarm sind während der Paarungszeit mit zahlreichen Hautwarzen bedeckt – den sogenannten Brunstschwielen. Mit diesen Wülsten klammert sich das Männchen über mehrere Tage hinweg an dem Weibchen fest. Der ständige Druck bewirkt, daß das Weibchen schließlich die Eier ausstößt. Die eigentliche Befruchtung dieser Eier vollzieht sich im Wasser (äußere Befruchtung). Das Männchen gibt seinen Samen ab, die männlichen Samenzellen schwimmen dann von allein zu den Eiern und dringen in deren Gallerthülle ein. Aus den befruchteten Eiern entwickeln sich bald die quirligen Kaulquappen.

Der Seefrosch entfernt sich nicht weit vom Wasser. Trifft man ihn einmal am Ufer an, scheint er zu dösen. Aber täuscht euch nicht, er ist voll gespannter Aufmerksamkeit, immer bereit, nach vorne wegzuhüpfen; seine herausklappbare, klebrige Zunge schnellt im Nu hervor und ergreift die zappelnde Beute: Larven, Würmer und winzige Eidechsen. Er frißt auch sehr gerne Insekten; immer muß die Beute aber leben und sich bewegen. Seine furchtsame Natur läßt ihn beim geringsten Anlaß ins Wasser hüpfen.

Leider wird unser Freund häufig wegen seiner delikaten Oberschenkel gejagt – als wenn es keine anderen Leckerbissen gäbe! Er läßt sich übrigens sehr leicht fangen. Bewegt einmal ruckartig einen roten Wollfaden an der Wasseroberfläche. Dieser verhängnisvolle „Angelhaken" tut immer seine Wirkung. Der Riesenappetit des Seefrosches bringt ihn dazu, gierig den Faden zu schlucken. Nützt ihre Freßgier aber nicht aus. Schützt die Seefrösche mit all ihren anderen Verwandten!

Wir haben noch nicht von dem großen „Kletterkünstler" in der Familie gesprochen – dem Laubfrosch *(Hyla arborea)*. Er strebt wie alle Amphibien (halb Wasser-, halb Landtier) in der Fortpflanzungszeit zum Wasser.

Die Männchen warten geduldig darauf, daß sich ihre Gefährtinnen von ihren üblichen Standorten (Gebüsch, Bäume) zu den Weihern begeben, um dort abzulaichen. Ihr Bauch ist von den Eiern dick angeschwollen. Die Laubfrösche fügen sich ganz in ihre Umwelt ein. In ihrem beblätterten Reich vollbringen sie kleine Heldentaten: Um Insekten zu erhaschen, müssen sie gefährliche Sprünge ausführen. Ihre Geschicklichkeit rührt daher, daß sie an ihren Zehen Haftscheiben tragen.

Die Tiere sind unter den Blättern so gut getarnt, daß man sie kaum erkennt. Sie haben die Fähigkeit, ihre Farbe je nach ihrer Unterlage mit Hilfe von besonderen Hautzellen zu ändern ... fast wie ein Chamäleon!

Wenn die Bäume ihren Herbstschmuck anlegen und die ersten Blätter fallen, verzichtet unser Baumbewohner auf seine farbliche Wandlungsfähigkeit und turnerische Geschicklichkeit und macht sich davon. Er versucht den Winter in einem sicheren Versteck zu überstehen. Im folgenden Frühjahr gewinnt er die Freude am Leben wieder zurück, und der kräftige Gesang des kleinen Sängers – ein unentwegtes Quaken und Gebrumme – tönt uns erneut entgegen. Ihr werdet sicher lachen, wenn ihr hört, daß die Laubfrösche im Süden und Norden sich in unterschiedlichem „Dialekt" bemerkbar machen.

Schließt Freundschaft mit den Kröten!

Erdkröte (Bufo bufo).

In der Dämmerung ertönt aus dem Spalt einer alten Mauer ein Pfeifton. Ein glasklarer Flötengesang, anziehend und geheimnisvoll zugleich. Das kann nicht die kleine Ohreule sein, die sich in einer Nische oder hinter einem Stein versteckt hat. Was dann? Wenn ihr nicht an Kobolde glaubt, dann denkt ruhig an Kröten – diese verachteten und zugleich wegen ihrer Fremdartigkeit bewunderten kleinen „Ungeheuer".

Es ist aber keineswegs die bekannte warzige Erdkröte *(Bufo bufo):* Ihr Gesang klingt schwach und klagend, ein unterdrücktes Bellen, das trotzdem weithin zu hören ist. Das Flötenspiel stammt vielmehr von der braunen Geburtshelferkröte *(Alytes obstetricans).* Die Männchen haben zwar keine Schallblasen, aber jedes stimmt seine eigene traurigsüße Weise an.

Es sieht den Weibchen ähnlich; beide bewegen sich langsam und behäbig fort. In der Fortpflanzungszeit ergreift das Männchen das Weibchen und klammert sich um dessen Lenden fest. Es bewirkt den Austritt der Eier, indem es die Kloakenöffnung (gemeinsame Körperöffnung für Darm-, Harn- und Geschlechtsorgan) des Weibchens abwechselnd mit den Zehen streichelt. Sobald die großen weiß-gelben Eier plötzlich herausquellen wie die Perlen eines Rosenkranzes, besamt sie das Männchen, das jetzt den Kopf des Weibchens umklammert hält.

Das Männchen wickelt die kostbaren Eischnüre mit sehr komplizierten Bewegungen der Hinterbeine auf dem Rücken oder die Schenkel auf. Ungefähr nach 3 Wochen Entwicklungszeit kehrt der Vater zum Wasser zurück und entläßt dort die frisch schlüpfenden Kaulquappen. Sie haben beim Schlüpfen etwa eine Länge von 1,5 cm und werden bis zu ihrer Verwandlung (Metamorphose) zur Kröte noch auf 8 cm anwachsen.

Auch andere Kröten besuchen unsere Sümpfe und Teiche. Die grüne Wechselkröte *(Bufo viridis)* lebt in küstennahen Wiesen und Sandgebieten. Ihre Eier legt sie dort im Mai in den leicht salzigen Sümpfen ab. Zusammen mit ihr kann die Kreuzkröte *(Bufo calamita)* vorkommen. Diese ist für Krötenverhältnisse außerordentlich beweglich. Sie laicht gern an unbewachsenem Ufer, selbst in Pfützen oder Kiesgruben, ab. Die Männchen mit den kehlständigen Schallblasen (wie bei den Laubfröschen) lassen ihren Gesang weithin hörbar erschallen. Dieser vibrierende, ausdauernde Ton erinnert an das kraftvolle schnarrende Trillern mancher Insekten.

Die Unke *(Bombina)* stößt ein monotones Quaken aus, in der Ferne erinnert es an Glockengeläute. Unken leben vor allem im Gewässer, sie ernähren sich von Insekten und Tieren, die ins Wasser fallen.

Die Kröten jagen oft im „Ansitz" und sind große Insektenvertilger. In England werden sie gelegentlich auf Märkten von Gärtnern gekauft. Man hat in ihnen die besten Helfer im Kampf gegen das Ungeziefer: Fliegen, Raupen, Schnekken stellen die Mahlzeit der Kröten dar.

Weshalb sollte man ihre Hilfe nicht annehmen? Wir müssen im Garten nur für einige Wasserstellen sorgen. Kaulquappen der Kröten lassen sich genauso gut aufziehen wie die der Frösche. Haben sie sich schließlich zu Kröten gewandelt, finden eure Gäste genügend Platz im Garten.

Krötensind sehr anhänglich; sie wohnen oft in der Nähe von Siedlungen, in alten Schuppen oder Hütten. Sie erkennen euch sogar wieder, auf euren Zuruf kommen sie an und fressen euch aus der Hand.

Wie man im

Holt Frosch- oder Krötenlaich aus einem Gewässer und setzt ihn in euer Aquarium ein. Beim Schlüpfen besitzen die Kaulquappen äußere Kiemenanhänge (stark durchblutete Hautlappen, die dem Gasaustausch, der Atmung dienen). Mit einem besonderen Haftorgan am Maul können sie sich für einige Stunden unter Wasser an den Pflanzen festklammern.

Die jungen Tiere sind sehr gefräßig. Zu Beginn besteht ihre Nahrung aus einer vielseitigen pflanzlichen Kost: aus den Pflanzen im Aquarium, Salat, Brennesseln, aus leicht gekochtem Spinat und Kartoffelschnitzeln. Alles wird rasch von ihren verhornten Kiefern – einer Art „Schnabel" – zerkleinert. Paßt auf, daß an jedem Tag genügend Nahrung vorhanden ist. Die Überreste vom Vortag entfernt wieder, ihr vermeidet so, daß sie in Zersetzung übergehen. Merkt euch: kein Brot füttern!

Wenn die hinteren Gliedmaßen erscheinen, muß der Speisezettel geändert und Fleisch hinzugefügt werden: Abfälle von rohem Fleisch, fein zerhackte Würmer, Chironomidenlarven (die roten Schlammwürmer der Fischer) und tote Insekten.

Die vorderen Gliedmaßen werden rasch danach gebildet. Sie

Der berühmte Reflex der Frösche

Seht euch mal die erstaunlichen Reflexe (unwillkürliche Bewegung auf einen Reiz hin) des grünen Seefrosches an.

Nehmt dazu eine einfache Angel, und befestigt an ihrem Ende einen roten Wollfaden. Beobachtet genau, wie der Frosch sich nähert. Bald könnt ihr die Entfernung genau abschätzen, in der der Frosch noch nach dem roten Faden schnappt. Betrachtet seine langsamen Schwimmbewegungen, wie er dann auf der Stelle tritt und Halbdrehungen ausführt. Sobald er ganz nahe ist, springt er. Die Höhe dieser Riesensprünge könnt ihr nach einigen Versuchen genau berechnen.

Betrachtet das Vorschnellen der Zunge, zählt nach, wie oft sich der gleiche Frosch ködern läßt. Ihr werdet sehen, wie er nach einer gewissen Zeit ermüdet. Dann läßt er sich durch nichts mehr locken. Versucht herauszubekommen, welche Zeit verstreichen muß, bis er sich wieder ködern läßt. Ihr werdet feststellen, daß er immer rascher ermüdet.

Die Ursache für dieses scheinbar sinnlose „Beuteschnappen" ist das besondere Sehvermögen des Frosches. Ein Frosch nimmt nur eine Beute wahr, die sich bewegt. Er würde vor Hunger sterben, wenn sein Beutetier bewegungslos vor ihm läge. Wenn ihr unbeweglich am Ufer stehen bleibt, werdet ihr sehen, daß euer Frosch auch immer wieder ohne Mißtrauen und Verärgerung zurückkommt.

Nachts orientieren sich die Frösche auf eine Lichtquelle zu; das läßt sich mit Hilfe einer Taschenlampe feststellen.

Ein Frosch häutet sich regelmäßig und verschlingt danach die nutzlos gewordene Haut. Deshalb kann man sie nur selten im Teich sehen. Im Aquaterrarium könnt ihr versuchen, sie ihm wieder aus dem Maul zu ziehen. Betrachtet sie einmal genau: Sie besteht aus Zellen, in die Drüsen einmünden. Die Drüsen enthalten Schleim und geben diesen auch ab. Nun wißt ihr, weshalb euch die Frösche so leicht aus den Fingern gleiten. Der Schleim mancher Amphibien kann auch giftig sein, wie der nach Knoblauch riechende Schleim der Geburtshelferkröte. Wenn ihr kleine Wunden an den Händen habt, faßt die Kröten besser nicht an, bis eure Entzündungen abgeheilt sind.

Aquarium Kaulquappen aufzieht

bleiben vorerst noch verborgen. Sobald sie erscheinen, lebt die Kaulquappe von den Vorratsstoffen ihres Schwanzes, der nun nach und nach aufgezehrt wird.

Wie sehr das Wachstum der Kaulquappen von dieser Nahrungsquelle abhängt, zeigt die folgende Erscheinung. Manchmal greifen unsere Schützlinge sich gegenseitig an, einige verlieren bei diesem Kampf den Schwanz. Man kann bald feststellen, daß dann die Gliedmaßen nicht mehr weiterwachsen.

Kaulquappen des Frosches.

Während der Schwanz „eingeschmolzen" wird, versucht der kleine Frosch im Aquarium auf Steine zu klettern, die aus dem Wasser ragen.

Es ist schwierig, die kleinen Tiere zu betreuen, wenn der Schwanz verschwindet. Für die Aufzucht der Grasfrösche braucht man viel Geschick und Ausdauer. Sonst bringt die Kaulquappen lieber wieder zum Teich zurück, ehe sie sich zu Fröschen umwandeln.

Noch ein Rat: Setzt auf den Landteil eures Aquariums *(Aquaterrarium)* einen Behälter mit Fliegenmaden und Mehlkäferlarven als Futter. Vergeßt nicht, über das Aquaterrarium ein Drahtgitter zu legen, sonst fliegen euch die Fliegen und Käfer nach der Metamorphose davon.

Die Kaulquappen fressen auch sehr gerne Blattläuse; diese findet ihr in großer Zahl auf Holunderästen. Setzt einige Läuse auf dem Schlamm aus, den ihr über saubere Kieselsteine und Flußsand zu einem flachen Uferstreifen aufgehäuft habt. Benutzt möglichst keine Kalksteine, denn größere Mengen von gelöstem Kalk im Wasser sind für Pflanzen und Tiere schädlich.

Ein Frosch aus Rohrgeflecht

Zeichnet auf Pappe die Umrisse eines Frosches (Höhe 14 cm; 13 cm Beinlänge) auf. Sucht euch feines Rohr; zusammengesteckt sollte es etwa 70 cm messen. Dieses Rohr muß innen verstärkt werden. Dazu schneidet feine Metalldrähte zurecht, die etwa 2 cm länger als das Rohr sind. Zieht den Draht durch das Innere des Rohrs und verknotet es am Ende mit Hilfe einer Pinzette. Anschließend biegt und formt ihr euer Rohr nach der Zeichnung. Paßt auf, daß das Rohr glatt auf dem Papier liegt. Umwikkelt die Vorder- und Hinterbeine mit grüner Binse. Ihr könnt dazu auch einen grünen Faden verwenden. Flechtet nun aus grüner Binse den Körper, und klebt ihn je nach Bedarf zusammen. Klebt zwei Perlen als Augen an den Kopf. Dann bestreicht das Ganze mit einem farblosen Lack. Ihr verhindert so, daß euer Werk verstaubt. Wenn ihr einen so drolligen Frosch auf die Fensterbank stellt, werdet ihr und eure Geschwister viel Freude daran haben. Vielleicht bastelt ihr aus den restlichen grünen Binsen auch noch eine Heuschrecke?

Verschiedene Fortpflanzungsarten

Das Fortpflanzungsverhalten ist in der ganzen Tierwelt sehr unterschiedlich. Wir wollen das verschiedene Verhalten dreier Tiere im Frühling beim Eierlegen betrachten.

Der kleine Prinz im Wasserloch

Schaut euch dieses kleine Stichlingsmännchen *(Gasterosteus aculeatus)* an, wie es sich von seinen Gefährten absondert und sein eigenes kleines Revier abgrenzt.

Stichlingsmännchen (Gasterosteus aculeatus) *beim Nestbau.*

Es verteidigt unentwegt seine Grenzen und durchzieht es kampflustig der Länge und Breite nach; Eindringlinge werden verjagt, ob groß und klein – dazu benutzt es seine Rückenstacheln. Selbst der gefräßige Hecht *(Esox lucius)* wird diesen kleinen Kämpfer ausspeien, der ihm so mächtig seine Stacheln in den Gaumen stößt.

Zu dieser Jahreszeit ist sein Körper von 4 auf 8 cm angewachsen. Seine silbrige Regenbogenhaut ist an den Flanken braun-schwarz gesprenkelt. Es legt jetzt ein buntes Hochzeitskleid mit sehr lebhaften Farben an: weiß-blau auf dem Rücken und rot oder orangefarben am Bauch.

Der dreistachlige Stichling baut sich sein Nest aus Pflanzenteilen. Er verleimt sie mit Schleim, den er zu diesem Zweck aus den Nieren absondert. Über 4–6 Tage hinweg arbeitet er rastlos und vertreibt alle Neugierigen – sogar die Weibchen! Sein Nest baut er auf dem Grund; zunächst wedelt er mit den Flossen eine Grube frei, dabei hilft er mit der Schnauze nach. Sein Vetter, der neunstachlige Stichling legt sein Nest zwischen treibenden Wasserpflanzen an. Diese Behausung ist haltbar gebaut und besitzt Ein- und Ausgang. Die Öffnungen werden vom Baumeister mehrmals gewissenhaft mit dem Kopf und dem Schwanz überprüft.

Der Bauch des Weibchens ist von Eiern stark aufgetrieben; es wird nun durch das Hochzeitskleid des Männchens angezogen. Dieses schwimmt vor ihm im Zick-Zack-Tanz. Während des Tanzes streift es wiederholt über den Leib des Weibchens. Damit hat es Erfolg, wenn ihm bei dieser Parade kein Nebenbuhler zuvorkommt, der das Weibchen durch noch prächtigere Farben weglockt. In der Regel läßt sich das Weibchen willig zum Nest geleiten, das Männchen zeigt ihm die Öffnung. Zögert das Weibchen, so schwimmt das Männchen zuerst hinein und versucht das Weibchen zum Eintritt zu bewegen. Gleitet dieses hinein, so beginnt das Männchen rasch, dem Weibchen mit der Schnauze vom Kopf bis zum Schwanz zu betrommeln. Dieses Verhalten löst beim Weibchen die Ablage von einigen hundert silbern glitzernden Eiern aus.

Darauf entfernt sich das Weibchen, oder das Männchen vertreibt es. Es würde sonst bald seine Eier selbst verschlingen. Nach der Trennung nimmt das Männchen das Nest in Besitz und besamt die Eier.

Bei diesen Fischen erfolgt die Befruchtung nicht im Körper, sondern im Wasser (extern); eine Begattung gibt es also nicht. Der Stichling wiederholt mit mehreren Weibchen dieses „Nesttreiben".

Der Stichlingsvater bewacht nun sorgfältig und eifersüchtig seinen Schatz. Mit dem Einsatz seines Lebens verteidigt er sein Nest und bessert es, wenn nötig, auch wieder aus. Mit den Brustflossen fächelt er beständig frisches Wasser durch das Nest und führt so den Eiern frischen Sauerstoff zu. Die ganze Zeit über bleibt er sehr wachsam und ist schon beim geringsten Geräusch kampfbereit – so zänkisch, daß er oft mit seinem Nachbarn einen Streit vom Zaun bricht. „Üble Burschen" benützen diese Augenblicke, in denen der Vater gerade damit beschäftigt ist, irgendwelche Eindringlinge oder Feinde zu vertreiben, um sich in dem unbewachten Nest zu verpflegen. 10–12 Tage später schlüpfen die jungen Stichlinge, sie messen etwa 4 mm. Nun verdoppelt der Vater seine Sorgfalt noch: Er sammelt die Unvorsichtigen, die sich vom Nest entfernt haben, im Maul auf, bringt sie zurück und spuckt sie dort wieder aus. Bald folgt die junge Fischbrut dem Vater und versammelt sich zu fröhlichen Schwärmen.

Der Stichling ist innerhalb eines Jahres ausgewachsen und lebt durchschnittlich 4 Jahre; im Aquarium gewöhnt er sich gut ein und überlebt darin mehrere Jahre.

Biologen haben das Paarungsverhalten der Stichlinge sehr genau untersucht. Das Männchen hat nur Augen für solche Weibchen, deren Bauch durch Eier aufgetrieben ist. Man kann es leicht täuschen, indem man ihm eine Attrappe (Nachbildung) aus Karton, Plastik oder Holz vorhält, welche die Form eines trächtigen Weibchens hat. Selbst in seiner natürlichen Umwelt läßt sich ein Männchen in Hochzeitsstimmung täuschen. Es umschmeichelt nämlich manchmal auch Männchen, die einen von Parasiten aufgedunsenen Bauch haben.

Das Weibchen ist für die rote Farbe seines Gefährten sehr empfänglich. Es läßt sich gleichfalls durch Attrappen in dieser Farbe täuschen. Das Ablaichen wird durch einen bestimmten Berüh-

Teichmolche (Triturus vulgaris).

rungsreiz ausgelöst. Vertreibt einmal im Aquarium das Männchen, nach dem das Weibchen in sein Nest geschlüpft ist. Ihr könnt das Weibchen zum Laichen veranlassen, indem ihr es mit einem Glasstab beklopft.

Die Molche, eigenartig und elegant

Zu Frühjahrsbeginn verlassen die Molche ihre Winterquartiere unter den Steinen oder Baumwurzeln: Ihre Fortpflanzungszeit ist gekommen.

Die Männchen schmückt nun ein farbenfrohes Hochzeitskleid mit häutigem Rückenkamm. Die Weibchen sind von schlichterem Aussehen; sie behalten ihre unauffällige Färbung bei und lassen sich ziemlich teilnahmslos von ihren Gefährten umschmeicheln, die sehr lebhaft ihren Schwanz und Kamm vor ihnen entfalten.

Die Samenzellen des Männchens liegen in einer Hülle, dem sogenannten Spermatophor. Er wird aus seiner Kloake nach mehrmaligem Zusammendrücken ausgestoßen, und das Weibchen nimmt dieses Paket wieder in ihre eigene Kloakenöffnung auf.

Diese Art der Befruchtung beim Molch ist sehr ungewöhnlich. Sie erfolgt im Inneren des Weibchens durch das „Samenpaket" ohne eigentliche Begattung. Ganz im Gegensatz zu der des Stichlings, die außerhalb – im Wasser – stattfindet. Der Übergang von der äußeren zur inneren Befruchtung verläuft parallel zur Entwicklungsgeschichte (Evolution) der Tiere von einfachen wirbellosen Tieren zu höher entwickelten Lebewesen.

3–4 Stunden nach der Befruchtung beginnt das Weibchen seine Eier abzulegen. Oft heftet sie diese einzeln an die umliegenden Pflanzenteile. Das Ablaichen kann mehrere Tage dauern. Die Larven schlüpfen im Frühjahr und sind bis zum Ende des Sommers ausgewachsen.

Die Molche verlassen das Wasser im Herbst und nehmen dann ihr Landleben auf. Die äußeren Kiemenanhänge sind inzwischen durch echte Lungen ersetzt worden. Am Tage erweisen sich diese Lurche als sehr furchtsam und verstecken sich an finsteren, feuchten Plätzen, z.B. in Höhlen und unter Steinen. Nachts kommen sie heraus, um zu jagen. Den Winter verbringen sie erstarrt tief in ihrem Versteck.

Habt ihr gewußt, daß Molchlarven, die zu spät schlüpfen, ihre Larvengestalt bis zum nächsten Frühjahr beibehalten?

Manche Larven treten übrigens nie in die Metamorphose ein und behalten ihr Aussehen bei, das durch die äußeren Kiemenanhänge gekennzeichnet ist (3 Paar). Dies kommt bei den Molchen sehr häufig vor. Man bezeichnet es als unvollkommene Entwicklung (Neotonie). Manche Molche pflanzen sich sogar in diesem Stadium fort.

Normalerweise geht beim Molch der Zustand der Kiemenatmung nahtlos über in den Zustand der Lungenatmung.

Der Haubentaucher, ein wachsamer Bursche

Der Haubentaucher *(Podiceps cristatus)* ist ein sehr anmutiger Vogel, der gerne in unseren Sumpfgebieten an Fischgewässern verweilt. Offenbar mag er die verdörrten Rohrwälder, die in der Frühlingssonne aus ihrer Winterstarre erwachen. Seht einmal, wie der Haubentaucher taucht! In gestreckter Körperhaltung kann er 30 m oder 15–40 Sekunden unter Wasser schwimmen.

Er frißt vor allem Fische, verschmäht aber auch nicht Schnekken, Insekten, Larven, Kaulquappen und sogar kleine Frösche.

Die Haubentaucher schwimmen aufeinander zu: Beide tragen zwei schwarze Ohr-Büschel, rote Halskrausen, die schwarz bebändert sind; Hals und Brust schimmern weiß, der Rücken ist braun. Jetzt stehen sie Brust an Brust, der Kopfschmuck ist hochgesträubt: Das Paar hat sich gefunden, und der Balztanz auf dem Wasser beginnt! Sehr anmutig sehen sie aus, wenn sie so ihre Figuren tanzen. Zwischendurch bietet das Männchen seiner Gefährtin einen Fisch an.

Wie die Stichlinge verteidigen die Haubentaucher energisch ihr Revier gegen fremde Eindringlinge. Das Pärchen baut ein treibendes Nest aus Wasserpflanzen, die lose zusammengesteckt werden: So entsteht ein Floß aus Binsenbüscheln und Schilf. Dann erfolgt die Paarung auf dem Nest.

Männchen und Weibchen beteiligen sich am Brüten, das 27–29 Tage dauert. Das Gelege besteht aus 3–6 blau-weißen Eiern, die jedoch rasch verschmutzen und braun werden, da das Pflanzenmaterial im Nest verfault und abfärbt. Nach $2^1/_2$ Monaten folgen die Jungen ihren Eltern, sie werden von Anfang an gut betreut und überwacht: Die Jungtiere werden vom aufsichtführenden Elternteil unter die Flügel genommen und genießen so hervorragenden Schutz.

Der Haubentaucher (Podiceps cristatus).

Das ist auch wichtig, denn der gefräßige Hecht verschlingt gern die junge Brut.

Stichling und Haubentaucher haben eines gemeinsam: Sie sind vorbildliche Väter.

Stichlinge im Aquarium

Stichlinge lassen sich im Aquarium aufziehen. Es muß nur groß genug sein: man rechnet etwa 5 Liter pro erwachsenes Tier, so daß eine ausreichende Menge Sauerstoff zur Verfügung steht.

Stichlinge lassen sich leicht in einem feinen Netz oder mit einem grobgefertigten Angelstock fangen. Nehmt dazu einen Erlenstock, einen Bindfaden und einen Wurm, der sich krümmt. Stichlinge sind sehr gefräßig, sie nehmen gern Fischbrut, Laich und Larven zu sich. Im Aquarium kann man sie mit Fleisch, Wasserflöhen und Fliegenlarven füttern. Nehmt aber keine Gelbrand- oder Libellenlarven, sie würden sonst eure Fischbrut verschlingen. Man braucht Geduld, Zeit und manche Nachtwache; nur so kann man das vielfältige Verhalten dieses kleinen, aufregenden Fisches beobachten. Achtung! Paßt auf den Mustervater auf, damit er nicht im Aquarium nach und nach seine Jungen auffrißt; das geschieht gelegentlich, wenn die Nahrung nicht ausreicht.

SOMMER

Im Sommer steigt morgens der Wasserdunst aus den Kanälen, kein Luftzug regt sich; in den umliegenden Wiesen tauchen Kühe im Nebel auf, das Schilf knistert leise; schließlich flutet die Sonne über die blühende Weide und lockt den Geruch des Mädesüß *(Filipendula ulmaria)* hervor. Die gelbe Iris, die bereits seit Frühjahrsende in Blüte steht, wetteifert mit der dunkelrosa Schwanenblume *(Butomus umbellatus)*. Der Hals eines Graureihers ragt hinter einem dichten Pflanzenvorhang auf.

Gegen Mittag versengt die Sonne den rundblättrigen Gilbweiderich *(Lysimachia vulgaris)*. Es herrscht Ruhe auf den kleinen Zuflüssen der Teiche; im Dickicht des Ufers verbergen sich Teichhühner und schläfrige Enten. Eine Ringelnatter *(Natrix natrix)* durchquert mehrmals den Teich und bewegt ihren Körper schlängelnd durchs grüngelbe Wasser, aus dem nur ihr Kopf herausragt. Auf dem Wasser ziehen Schwäne majestätisch ihre Kreise.

Langsam verstreicht der heiße Tag. Hinter einem großen, abgestorbenen, fast völlig eingetauchten Ast stört ein Hecht die friedliche Stimmung und Ruhe, indem er sich an einigen vorwitzigen Ukeleien gütlich tut. Um die Weiden und das Ufergebüsch, den Wassergräben entlang, tanzen Mückenschwärme wie grauer Rauch, und die Schwalben machen reichlich Gebrauch von diesem verlockenden Nahrungsangebot.

Die Uferzonen dieser Süßwasserteiche bieten im Sommer einen tropischen Anblick. Libellen durchschwirren sie und laden uns zu Beobachtungen ein, die Tage dauern können. Sie sind besonders in den Gebieten mit spärlicher Vegetation (Pflanzenwuchs) ergiebiger als an den Tümpeln des Torfmoors. Es macht Spaß, den Libellen, diesen zarten Geschöpfen, zuzuschauen, z. B. der herrlich gefärbten Schlanklibelle *(Agrionidae)*, die blitzartig an uns vorbeifliegt.

Das Großseggenried mit seinen schneidend scharfen Gräsern, mit dem Blutweiderich *(Lythrum salicaria)* und dem langblättrigen Rohrkolben *(Typha latifolia)*, der dem Wind seinen Samen anvertraut, ist ein dichtes Gestrüpp, das dem Eindringling zahlreiche Fallstricke in den Weg legt. Hier, wo sich das Schilf mit dem Riedgras vermischt, führt die Rohrweihe *(Circus aeruginosus)* mit ihrer Familie ein ungestörtes Leben.

In der Dämmerung ist nicht festzustellen, ob sie oder schon ein Nachtvogel das Revier durchstreift, etwa eine Sumpfohreule *(Asio flammeus)*, die eine Feindin aller Mäuse ist. Wir kehren heim, noch ganz verzaubert von der Pracht der Seerosen. Die weißen Seerosen lieben das Licht; sie schließen von Juni bis September schon am Nachmittag ihre Blüten, um sie am folgenden Morgen wieder zu öffnen. Nur bei Regenwetter bleiben ihre Blüten geschlossen.

Mädesüß (Filipendula ulmaria).

Sumpfvergißmeinnicht (Myosotis palustris).

Im Sommer läßt sich vieles zwischen den Schilfausläufern beobachten. (Sobald die Knoten dieser Ausläufer mit dem Erdboden in Berührung kommen, entwikkeln sie Wurzeln.) Wir staunen über die insektenfressenden Fledermäuse, die wie Schwalben im Fliegen trinken, indem sie die Wasseroberfläche kurz streifen und für einen Augenblick das Maul eintauchen...

Habt ihr Lust, Weißfische zu angeln? Ist es nicht toll, in der Julihitze faul die Angelrute zu beobachten und plötzlich den Kiebitz zu hören, der in den umliegenden Feldern ruft, oder einen Enterich mit pfeifenden Schwingen und vorgestrecktem Kopf in den weichblauen Himmel aufsteigen zu sehen?

Laßt uns zu einigen Erkundungen aufbrechen! Ihr kennt die Regeln: Früh aufstehen! Keinen Lärm machen! Rücksicht auf die Tiere nehmen!

Sumpfohreule (Asio flammeus).

Eine Larve verläßt ihre Kinderstube

Rastlos jagen tagsüber von Mai bis Oktober die Libellen übers Wasser. Sie fangen Fliegen und Mücken, kleine Käfer und andere Libellen; sie fressen fast alle Insekten, die fliegen und stachellos sind.

Wir begegnen ihnen im Sumpf, noch häufiger am Ufer der Gewässer, wo ihr Schwirren die Luft erfüllt.

Was geht dort vor? Ein Tier mit 6 Beinen, aber ohne Flügel ist aus dem Wasser aufgetaucht und klammert sich an einen Schilfstengel. Es klettert etwa 50–60 cm hoch und hält sich mit seinen Krallen an der Pflanze fest. Dann verharrt es unbeweglich. Fast 1 Stunde bleibt diese Larve bewegungslos, ohne daß sich etwas ereignet. Jetzt ist sie ganz trocken und vollzieht ihre letzte Häutung. Erst wenn die Haut ganz mürbe ist, reißt sie auf.

Endlich durchzucken Stöße ihren Hinterleib, zugleich erweitert sich ihr Brustteil *(Thorax)*, die Haut zerreißt auf dem Rücken zwischen den beiden Flügelscheiden, von denen die Flügel umhüllt werden. Der Riß vergrößert sich; dann kommt die Larve mit dem Kopf zuerst langsam aus ihrer alten Hülle heraus, später folgt der Schwanzteil. Die in den Flügelscheiden zusammengelegten Flügel gleiten heraus, bleiben aber gefaltet; dann folgen die Beine. Jetzt wird die Körperhülle nur noch von einigen zarten weißen Fäden gehalten, das sind die Atemröhren (Tracheen), mit denen die Larve im Wasser geatmet hat.

Ist der letzte Faden gerissen, befreien sich die Beine, und man sieht die ersten Hinterleibsringe.

Letze Häutung einer Libelle.

Eine Libellenlarve verzehrt ein Fleischstück. Man beachte die Form der Fangmaske, eine zum Greifwerkzeug umgewandelte Unterlippe!

Nun hängt sich das Tier mit dem Kopf nach unten auf, noch wird es festgehalten von den letzten Ringen der alten Larvenhaut. Die Beine zittern zuerst, dann werden sie ruhig. In der folgenden halben Stunde verharrt das Tier bewegungslos, erschöpft von seinen heftigen Anstrengungen. Ist das Tier während seiner letzten Häutung gestorben? Nein, kurz darauf bewegt es sich unerwartet. Die Beine klammern sich an die alte Hülle und strecken sich. Ein letztes Zusammenziehen befreit den Hinterleib völlig. Jetzt geht alles sehr schnell! Die Sonne trocknet den Körper, der nun zartgrün glitzert; der Hinterleib *(Abdomen)* dehnt sich. Bald fliegt die blaugrüne Mosaikjungfer *(Aeschna cyanea)* davon und beginnt für einige Monate ihr Leben in der Luft. Nach der Begattung und der Eiablage wird sie beim ersten Frost sterben.

Erkennen wir die Mosaikjungfer im Flug? Zweifellos, ihr Körper zeigt unverwechselbare Farbabstufungen. Außerdem verwandeln Libellen dieser Art sich in der Senkrechten, d.h., sie drücken ihren Hinterleib nach unten; bei anderen verläuft die Metamorphose in der Waagerechten.

Libellenzucht

Wir haben vor allem an den Gewässerrändern dem zauberhaften Flug der Libellen zusehen können, von denen es bei uns rund 80 Arten gibt. Mit dem Kescher können wir die jungen Larven aus dem Wasser holen und aufziehen, sobald wir ihnen eine angemessene Behausung eingerichtet haben. Dazu brauchen wir einen großen Glasbehälter, in den man einen dreigabeligen Ast einsetzt. Befestigt ihn gut am Boden; er sollte den Glasrand nicht berühren. Die Larve kann zur gegebenen Zeit an ihm hinaufklettern und sich zur letzten Häutung anklammern.

Vergeßt nicht, Teichwasser in euren Behälter einzufüllen, und gebt Wasserpflanzen hinzu. Diese müßt ihr euch aber sorgfältig ansehen, um keine gefräßigen Skorpionswanzen oder Rückenschwimmer einzuschleppen. Füttert eure Schützlinge mit Kaulquappen, Köcherfliegenlarven, Roten Zuckmückenlarven und Schlammröhrenwürmern.

Betreut die Larven gut, dann werdet ihr bald sehen, wie sie bei jeder Häutung größer werden. Bei einer solchen Häutung reißt die Hülle zuerst, und das Tier arbeitet sich langsam heraus. Die Hülle fällt zu Boden. Die befreite Larve ist grünlich, weich und schwach. 10–20 Minuten später frißt das kleine Lebewesen wieder so, als ob nichts geschehen wäre.

Kurz vor der letzten Häutung bewegt sich die Libellenlarve nicht mehr und frißt nicht mehr. Dann folgt der Aufstieg an die Wasseroberfläche und nach der Häutung der erste Ausflug des voll entwikkelten Insektes. Man kann es nicht länger in Gefangenschaft halten, es muß in die Freiheit, zum Licht.

DIE Schönen DES SOMMERS

Hier seht ihr eine der Schönheiten unserer Gewässer – die weißen Seerosen. Sie liegen wie ein weißer Schleier über dem Wasser. Es sind kraftvolle Pflanzen, die auf der Wasseroberfläche schwimmen. Wir kennen in unseren Gewässern zwei verschiedene Arten, die nebeneinander vorkommen: die weiße Seerose *(Nymphaea alba)* und die gelben Mummeln *(Nuphar lutea)*. Beide Blüten erheben sich zwischen ihren Blättern aus dem Wasser. Die Blätter sind herzförmig, bei den Mummeln etwas kleiner und runder. Sie breiten sich flach an der Oberfläche aus. Die Blätter, die zuletzt aus dem Wasser kommen, sind noch halb zusammengerollt und stehen senkrecht; Blätter, die nicht die Oberfläche erreichen, sterben ab.

Betrachten wir die Seerosen aus der Nähe! Im Sommer perlen die großen Regentropfen von den Blättern ab, denn sie sind mit Wachs überzogen. Die Seerosen verbergen eine Menge kleines Getier, die Frösche ruhen sich gerne auf ihnen aus und genießen den warmen Sonnenschein. Aus dem Wurzelstock ragt eine lange, kräftige Sprosse nach oben: Versucht einmal, eine abzureißen! Ihr werdet sehen, daß ihr viel Kraft benötigt, solch eine lange glitschige Sprosse (Stiel) aus dem Wasser zu ziehen. Steckt sie in ein Wasserglas, und versucht hindurchzublasen. Die aufperlenden Luftblasen werden euch zeigen, daß sie hohl ist. Zahlreiche kleine Luftkanäle ermöglichen dem Stengel (Sprosse), im Wasser zu schwimmen. Diese Wurzelstöcke (man weiß, daß sie keine Wurzeln sind, sondern Speicherorgane) liegen unterhalb der Wasseroberfläche. Manchmal sieht man Wurzelstockteile umhertreiben; sicher wurden sie von den Bisamratten abgeris-

Weiße Seerosen (Nymphaea alba). *Die duftenden Blüten der Seerosen haben 4 Hüllblätter, die außen grün und innen weiß sind. Die etwa 20 Kronblätter schimmern weiß.*

Krebsschere (Stratiotes aloides).

sen. Diese fahlgelben dünnen Arme durchziehen auch den Schlammboden und spielen für die Verbreitung der Pflanze eine wichtige Rolle. Die Wurzelstöcke enthalten Stärke – wie die Kartoffeln –, sie tragen feine Würzelchen und kleine farblose Blättchen. Sie sind bei Land- und Wasserpflanzen gleich gebaut.

Die Knospen der Seerosen entwickeln sich zunächst unter Wasser; sie kommen jedoch an die Oberfläche, bevor sie erblühen. Sobald der flaschenförmige Fruchtboden ausgereift ist, löst er sich vom Stiel ab, sinkt langsam zu Boden und reift aus. Die faulige Frucht platzt auf, zu Hunderten treiben die befreiten Samenkörner dann wieder an die Oberfläche zurück. Sie besitzen eine Hülle, die Luft enthält, und können sich deswegen noch sehr lange auf dem Wasser halten. Schließlich verschwindet der Schleim der Hülle, die Samenkörner sinken erneut zu Boden und keimen aus – oft weit entfernt von ihrem Entstehungsort. Der Teppich aus Seerosen breitet sich bald so stark aus, daß ein Ausdünnen nötig wird.

Die gelben Mummeln entwickeln sich in gleicher Weise. Die Blüte sitzt hier am Ende eines dikken Stengels, etwa 10 cm über dem Wasser. Ihre Blüte ist weniger der Sonne ausgesetzt als die der weißen Seerose. Ist sie einmal erblüht, bleibt sie Tag und Nacht geöffnet. Sie besteht aus 5 oder 6 fleischigen gelb-braunen Kelchblättern und 15–18 oder gar 20 kleineren Blütenkronblättern. Diese sind leuchtend gelb und tragen dort, wo sie zusammengewachsen sind, kleine Nektartropfen, die von Hummeln, Bienen, Fliegen und Käfern sehr geschätzt werden. Mummeln haben zwei Arten von grünen Blättern; die untergetauchten Blätter unterscheiden sich nämlich von denen, die auf dem Wasser treiben. Erstere haben ein zarteres Gewebe, sind durchscheinend und überdauern ein ganzes Jahr.

Verwechselt nicht den Froschbiß (Hydrocharis morsus-ranae) mit der kleinen gelben Mummel. Trotz der ähnlichen Blattform gehört er zu einer ganz anderen Familie. Die Blätter sitzen an einem langen Stiel, der Luftwurzeln ausbildet, die mit vielen Saughärchen bedeckt sind. Der Froschbiß ist eine Schwimm- und keine Schwebepflanze.

Wir können hier nicht alle Pflanzen so ausführlich darstellen wie die Seerose. Nehmt euch deshalb auch einen Pflanzenführer zur Hand, er wird euch sicher weiterhelfen!

Aber das Pfeilkraut *(Sagittaria sagittifolia)* wollen wir doch genauer kennenlernen. Es wurzelt tief in Weihern oder großen Gräben. Auf der Wasseroberfläche ausgebreitet, sehen wir die pfeilförmigen Luftblätter. Zugleich besitzt es noch langstielige, untergetauchte Schwimmblätter. Betrachten wir einmal einen solchen Stiel mit seiner Blüte: Die Blüten sind getrenntgeschlechtig – oben die männlichen, unten die weiblichen –, sie sind immer zu dritt in einer Rispe (Art des Blütenstands) angeordnet.

Bei eurem Spaziergang entdeckt ihr zuweilen braun-grüne Ähren (Art des Blütenstands) von 5–8 cm Länge, die kraftvoll aus dem Wasser emporragen. Das sind die Blütenstände des schwimmenden Laichkrautes *(Potamogeton natans)*. Seine ovalen Blätter schwimmen an der Oberfläche und haben platte lange Stiele. Beachtet die Dicke der Blätter!

Die anderen Laichkrautgewächse haben entweder kleinere oder längere, lanzettförmige oder breitere Blätter, die untergetaucht oder auf dem Wasser schwimmend vorkommen können. Sie weisen zahlreiche kleine Unterschiede auf. Es ist sehr leicht, das krause Laichkraut *(Potamogeton crispus)* an seinen gewellten Blättern und der rötlichen Färbung zu erkennen.

Die Wasseraloe *(Stratiotes aloides)*, von den Einheimischen meist Krebsschere genannt, bildet eine Blattrosette aus. Sie gehört nicht zu den wasserspeichernden Pflanzen wie die echten Aloen, obwohl ihre Blätter sogar stachlige Zacken aufweisen. Am Sommeranfang lösen sie sich vom Boden ab, treiben im Wasser und schicken von dort ihre Blüten an die Oberfläche. Die weibliche Blüte ähnelt der des Wasserhahnenfußes, ist jedoch größer. Sie besitzt nur 3 Kronblätter, der Blütenstengel trägt außerdem 2 kurze Nebenblätter, die uns wirklich an eine Krebsschere denken lassen. Die Wasseraloe fühlt sich nur im sauberen Wasser des Torfmoors wohl und zieht sich mehr und mehr aus verschmutzten Gewässern zurück.

Die Wassernuß *(Trapa natans)* ist sicherlich eine der merkwürdigsten, stark wuchernden Pflanzen der Weiher. Aus dem Samenkorn wächst ein langer Stengel heraus, der nach und nach an die Oberfläche dringt und sich dort zu einer Blattrosette entwickelt. In der Mitte öffnen sich zarte, weiße Blüten; jetzt hat die Pflanze völlig die Berührung mit dem Boden verloren: sie treibt auf dem Wasser. An ihren untergetauchten Teilen (Sprossen) entstehen feine grüne Würzelchen; die braunen Schuppen sind verkümmerte Blätter. Man sieht, wie sich die Stiele unterhalb des Blattes kürbisartig aufblasen; sie sind mit Luft gefüllt und ermöglichen der Pflanze zu treiben.

Die Früchte besitzen eine dicke Schale mit 4zackigen, sehr harten Dornen. Sie sind nichts anderes als die ehemaligen Kelchblätter, die sich vergrößert haben und verholzt sind. Man nennt sie auch Wasserkastanie und ißt sie sogar in verschiedenen Gegenden.

Pfeilkraut (Sagittaria sagittifolia).

Aufgerollte Blätter der gelben Mummeln, dazwischen die sternförmigen Blätter des Wassersterns (Callitriche palustris).

Bitte nicht verwechseln!

Froschlöffel und Schwanenblume

Der Froschlöffel *(Alisma plantago-aquatica)* und die Schwanenblume *(Butomus umbelatus)* sind beide hoch aufgeschossene Pflanzen. Der gemeine Froschlöffel hat ovale Blätter, und an seinem Stengelende sitzen zahlreiche quirlständige, blaßrosa Blüten, die sich aus 3 Kronblüten zusammensetzen. Die zarten Blätter der Schwanenblume sind hingegen länglich und dreieckig; ihr Stengel trägt jeweils eine einzige Dolde aus 12 Blüten in herrlichstem Dunkelrosa.

Jede dieser Doldenblüten sitzt auf einem langen Stiel und hebt sich dadurch von den anderen ab. Die Blüte der Schwanenblume hat 3 Kron- und 3 Kelchblätter, die Kronblätter sind dunkel geadert. Die Zahl der Staubgefäße beträgt 9 und die der Griffel 6. Sie reifen nicht gleichzeitig; zuerst entlassen die Staubgefäße ihren Pollen, und dann erst reifen die Narben der Griffel.

Trotzdem können sich benachbarte Blüten gegenseitig befruchten, wenn ihre Staubgefäße oder Griffel ausgereift sind. An der Griffelachse wird Nektar ausgeschieden. Dieser Nektar zieht die Fliegen, Wespen, Bienen und Hummeln an und stellt so die Bestäubung sicher.

Blutweiderich und Weidenröschen

Den Blutweiderich *(Lythrum salicaria)* erkennt man leicht an seinen großen roten Blütenähren. Sie sitzen auf einem langen behaarten Stengel mit gegenständigen oder quirlständigen Blättern. Diese spitzen, lanzettförmigen Blätter erinnern etwas an die Blätter von Weiden. Die Blüten enthalten 6 lange und 6 kurze Staubgefäße.

Bei der Blüte des Blutweiderichs können 3 verschiedene Längenverhältnisse von Staubgefäßen zum Griffel auftreten. Entweder sind sie länger, gleich lang oder kürzer als der zwischen ihnen liegende Griffel. Solche Bedingungen erleichtern die Bestäubung sehr.

Nun, ihr „Sumpfläufer", macht euch einmal daran, die Weidenröschen daraufhin zu untersuchen – aber bitte ohne ihren Standort zu zertrampeln!

Das Sumpfweidenröschen *(Epilobium palustre)* erkennt man an seinen graugrünen, behaarten Stengeln und gezähnten Blättern, die unten gegenständig, oben quirlständig angeordnet sind. Das Rauhaarige Weidenröschen *(Epiloblum hirsutum)* mit seinen stengelumfassenden Blättern findet man nur an feuchten Stellen. Ihr seht also sofort, daß es sich nicht um das Berg- oder Waldweidenröschen *(Epilobium montanum)* handeln kann. Bei bestimmten Arten hat die rosa Blüte des Weidenröschens 5 ungleiche Kronblätter. Ihr könnt sie deswegen leicht mit dem Blutweiderich verwechseln – also Vorsicht! Schaut euch die Blütenblätter der Pflanzen genau an! Die Blüten der Weidenröschen befruchten sich nur kreuzweise, denn die Staubgefäße reifen vor den Griffeln und nehmen damit keinen Pollen von der eigenen Pflanze auf. Die Früchte bilden lange Kapseln, die Samen haben einen Haarschopf und sind dadurch flugfähig. Das begünstigt ihre weite Verbreitung. Der Blutweiderich hat keinen derartigen Vorteil.

Die roten Ähren des Blutweiderichs (Lythrum salicaria) *heben sich deutlich vom Gilbweiderich* (Lysimachia vulgaris) *ab.*

Zählt die Blüten an der Dolde der mittleren Schwanenblume (Butomus umbellatus).

Bau einer Schutzhütte

Mit der Erlaubnis des Eigentümers und des Feldhüters dürft ihr sicher am Wasserrand in der Nähe des Waldes eine Schutzhütte für euer „Forscherteam" errichten.

Schneidet euch kräftige, gerade Äste von 2–2,5 m Länge zurecht. Sie dienen als Pfosten und Dachbedeckung. Benutzt nur Material, das ihr am Weiher findet.

Es bieten sich mehrere Möglichkeiten an: Schneidet euch geschmeidige Weidenzweige zu, und flechtet daraus ein Gitterwerk. Vergeßt nicht, es gut am Boden zu verankern.

Bevorzugt ihr den „Strohhüttenstil", so holt Binsen, Schilf, Weiden, Ginster und Farn herbei, bindet sie zu Büscheln zusammen und befestigt sie dann mit einem festen Draht an den Pfosten. Fangt am Boden an und schichtet die Büschel aufeinander. Diese Bauweise erfordert viel Sorgfalt, wenn ihre eure Schutzhütte auch bei Regen als Unterstand benutzen wollt.

Diese Mücken haben sich in einem Spinnennetz zwischen Riedgräsern verfangen.

Die große Mückenplage

Seid ihr noch nie am Teich oder im Auwald von Mücken gestochen worden? Die Stechmücken *(Culex pipiens)* bei uns in den Städten sind oft nur wenige hundert Meter entfernt geboren. Ihre Larven entwickeln sich in einer leeren Konservendose genausogut wie in einem überfluteten Keller, einem Abfluß oder einer Pfütze. Am besten vernichtet man sie, indem man ihre Brutstätten beseitigt. Hier hilft nur Sauberkeit. Aber die Mükken, die sich wegen der Zentralheizung das ganze Jahr über vermehren, belästigen uns weniger, schlimmer sind die Stechmücken im Freien, die allerdings eine Winterpause einlegen. Habt ihr übrigens gewußt, daß nur das Weibchen sticht? Es muß Blut saugen, um seine Eier zur Reifung zu bringen.

Die Männchen ernähren sich von Pflanzensaft; man erkennt sie an den buschigen Fühlern – die der Weibchen sind weniger befiedert. Es gibt rund 1500 Stechmükkenarten. Einige davon greifen den Menschen an, andere stechen mit Vorliebe Säugetiere, Vögel oder Froschlurche.

Die Weibchen legen ihre Eier aufs Wasser ab. Sie können dazu auch die zeitweilig überfluteten Wiesen nutzen; denn die ausschlüpfenden Larven leben nur im Wasser. Sie müssen immer wieder an die Oberfläche kommen, um Luft aufzunehmen. Nur eine, die Mansonia, kann sich durch Ansaugen an den untergetauchten Pflanzen mit Luft versorgen. Sie drückt dazu die Häkchen ihrer Atemröhre (Syphon) in das pflanzliche Gewebe.

Mücken müssen wie alle Zweiflügler (Dipteren) eine vollständige Verwandlung (Metamorphose) durchlaufen. Larve und Puppe leben im Wasser. Die entscheidenden Veränderungen vollziehen sich immer in der Puppe und führen schließlich zur Ausbildung des erwachsenen Insektes. Vor der letzten Häutung reißt die Puppenhülle am Rücken auf, und das erwachsene Insekt (Imago) befreit sich aus ihr.

Seit mehreren Jahren werden bei uns Maßnahmen gegen die Mückenplage durchgeführt – vor allem an den Altrheinarmen. Dabei geht man gegen die Mücken in der Luft und die Larven im Wasser vor. Um Fehler auszuschließen, müssen im Kampf gegen die Mücken zahlreiche vorbereitende Untersuchungen über das Verhalten der Mücken und ihre Umwelt durchgeführt werden. Man muß sich genauestens mit der Wirkung chemischer Mittel vertraut machen, bevor man sie einsetzt.

Man darf auf keinen Fall einen ganzen Landstrich mit Insektenvernichtungsmitteln verseuchen. Die Mansonia, die in Unmengen in den Ufergewässern, Gräben und im Röhricht vorkommt, bekämpft man, indem man ihre Brutstätten zerstört und die Wasserpflanzen unterhalb der Wasseroberfläche abschneidet.

Neuere Forschungen lassen auf weitere biologische Möglichkeiten hoffen. Durch das Ausbringen eines Hormons kann man z.B. die Verwandlung der Puppen in erwachsene Insekten verhindern. Der Einsatz von Viren, Bakterien, Pilzen oder schmarotzenden Einzellern und Würmern (parasitäre Protozoen und Nematoden) gilt ebenso als erfolgversprechend. Auch ein kleiner Fisch aus Florida und Alabama, die Gambusie, wurde in Südeuropa schon mit Erfolg als Mückenvertilger eingesetzt.

Dicht unter der Wasseroberfläche hängen die Mückenlarven (Culex).

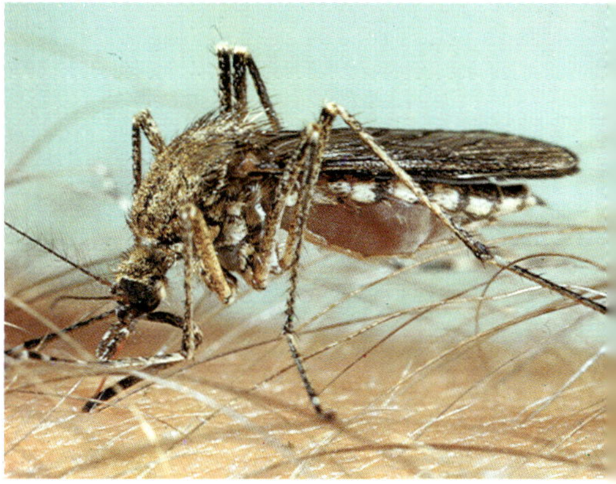

Stechmückenweibchen bei der „Blutmahlzeit“ auf der menschlichen Haut. Der Hinterleib (Abdomen) *ist bereits prall mit Blut gefüllt.*

Im Reich der WANZEN

Wasserläufer (Gerris).

Der Rückenschwimmer (Notonecta glauca) *bewegt sich wie ein Boot kieloben fort.*

Der Wasserskorpion (Nepa rubra) *besitzt ein Paar Fangbeine wie die Gottesanbeterin* (Mantis religiosa).

Um das kleine Getier nicht von der Schlammoberfläche oder aus dem Gestrüpp zu vertreiben, wollen wir uns vom Ufer aus nähern. Das erste, was wir von ihnen wahrnehmen, sind lange, schlanke Beine, mit denen sie über das Wasser gleiten wie Schlittschuhläufer über das Eis. Sind das etwa Wasserspinnen? Zählt die Beine nach! Insgesamt sind es 6. Also müssen es Insekten sein, keine Spinnen, denn die haben 8 Beine. Unsere „Schlittschuhläufer" sind Wasserläufer *(Gerris).*

Ein Tier fällt ins Wasser... Mit einem einzigen Anlauf gleitet der Wasserläufer fast einen Meter weit über das Wasser zur Unfallstelle – mit seinem ersten Beinpaar ergreift das gefräßige Insekt sofort seine Beute und saugt sie aus. Die Mundwerkzeuge des Wasserläufers sind zu langen Stechborsten umgewandelt, die einen doppelten Kanal enthalten. Der eine dient dazu, der Beute eine lähmende giftige Spritze zu verpassen, durch den anderen wird das Gewebe des Beutetiers eingesaugt.

Ein anderes Tier nähert sich. Sein Körper ist noch schlanker und länger als der des Wasserläufers, seine Bewegungen wirken spaßig. Er schreitet regelmäßig – jedoch in ruckweisen Zügen – voran: Nichts erinnert an den Wasserläufer. Diese Wanze, der Wasserreiter *(Hydrometra)* befindet sich vor allem in den Uferzonen des Sumpfes.

Es sind merkwürdige Tiere, diese Wanzen. Sie kleben ihre zahlreichen zylindrischen Eier an die Wasserpflanzen; die schlüpfenden Larven sehen bereits wie die erwachsenen Insekten *(Imagines)* aus, tragen aber keine Flügel.

Die wichtigsten Vertreter in unserer Wanzenansammlung sind die Rückenschwimmer *(Notonecta glauca).* Sie rudern zwischen den Pflanzen mit kräftigen, weitausholenden Schlägen der behaarten Hinterbeine herum. Sie schwimmen dabei mit dem Rücken nach unten. Luftblasen bleiben in der feinen Härchenschicht des Körpers hängen und geben dem Tier dadurch einen zarten silbrigen Überzug.

Vorsicht beim Fangen von Rükkenschwimmern! Diese „Wasserspinne" sticht sehr schmerzhaft! Legt sie auf den Boden, seht, wie die überlangen Beine sich an der Erde anklammern. Betrachtet vor allem das schwarze Schild, das eigenartig gefaltet den Rücken schmückt. Setzt sie ins Wasserglas, fügt Wasser und Pflanzen aus dem Teich hinzu; ernähren kann man sie mit kleinen Kaulquappen, Larven und Würmern. Sie heften sich sofort an die Wasserpflanzen. Sie würden sonst nämlich wie eine Luftblase hochsteigen, wenn sie zu müde zum Rudern sind. Aber Vorsicht; wenn sie die Flügel öffnen, fliegen sie rasch davon. Verschließt also das Aquarium mit einem feinmaschigen Drahtgitter oder einem Tuch.

In der Nähe des Rückenschwimmers finden wir ein sehr ähnliches Insekt, die zarte Wasserzikade *(Corixa)* – aber diese schwimmt auf dem Bauch. Mit dem Binokular (Mikroskop für beide Augen) oder der Lupe könnt ihr die großen Augen bewundern. Die Flügel sind nach hinten gefaltet; sie tragen oft herrliche Farbtupfer *(Corixa punctata)* oder sind marmoriert oder gestreift *(Sigara).*

Die Schwimmwanzen *(Naucoridae)* ähneln trotz ihrer Größe und ihres runden Kopfes dem Gelbrandkäfer. Betrachtet ihren Körper! Er ist mit Hunderten schwarzen Punkten übersät: Das sind die festgehaltenen Luftbläschen. Ihr Stich ist schmerzhafter als der einer Wespe.

Aber was marschiert dort langsam am schlammigen oder grasbewachsenen Ufer? Eine graue Skorpionswanze *(Nepa rubra),* ein kleines Ungetüm! Ihr Körper ist rautenförmig, platt, steif und nach hinten durch ein herausragendes Atemrohr verlängert. Hinten sitzen 2 schlanke Beinpaare, vorne 2 2 Fangbeine, die in Häckchen auslaufen. Diese Fangbeine bleiben im Schlamm verborgen, denn der Skorpion ist meist bis zur Hälfte eingegraben. Sobald die Beute nahe genug herangekommen ist, schießt er hervor und packt damit blitzschnell sein Opfer.

Wie ein Stachel ragt das Atemrohr (Syphon) nach hinten. Es wird aus 2 zusammengelegten Ringen gebildet und leitet die Luft von der Oberfläche zum Luftspeicher (Reservoir) unter den Flügeln.

Die Stabwanze *(Ranatra linearis),* die unseren Ausflug ins Reich der Wanzen beschließen soll, hat sehr schmerzhafte Stechborsten. Sie verbirgt ihr Atemrohr in den welken Blättern an der Oberfläche und kommt so zu frischer Luft. Diese Tarnung wirkt sich für sie sehr günstig aus, wenn sie im „Ansitz" auf ihre Beute lauert. Erst wenn sie wegfliegt, werden ihre schönen, durchsichtigen Flügel sichtbar, gleichzeitig zeigt sie ihren ziegelroten Hinterleib (Abdomen).

Skorpionswanzen und Stabwanzen gehören zur Ordnung der Wanzen *(Heteroptera),* werden aber oft auch als Schnabelkerfe *(Hemiptera)* bezeichnet. Ihre Mundwerkzeuge zählt man zum stechend-saugenden Typ, die Vorderflügel unterscheiden sich von den Hinterflügeln.

Die Runden des Taumelkäfers

Auf dem Wasserspiegel glitzert eine Gruppe von Taumelkäfern *(Gyrinus)* wie kleine Quecksilbertropfen in der Sonne. Während sie unentwegt auf dem Wasser herumwirbeln, liegen wir im zarten Ufergras ausgestreckt, und beobachten die rätselhaften Bewegungen des Taumelkäfers auf dem Wasser.

Habt ihr endlich einen von ihnen erhascht, was gar nicht so leicht ist, so betrachtet einmal gut die Merkmale des Käfers: Ein Paar feste Deckflügel schützen die zarten, dünnen Hautflügel; kräftige Mundwerkzeuge kennzeichnen den Raubkäfer. Mit seinen Augen, die so ausgebildet sind, daß er mit ihnen gleichzeitig über und unter dem Wasserspiegel sehen kann, späht der gefräßige Taumelkäfer nach den Larven der Zweiflügler *(Dipteren)* und Insekten, die ins Wasser fallen. Mit der oberen Augenhälfte sieht er, was sich auf der Wasseroberfläche abspielt, mit der unteren Hälfte beobachtet er den Wassergrund.

Sein Rücken ist gewölbt, die Bauchseite platt. 2 Beinpaare des flinken Läufers sind kurz und paddelartig, das vordere verlängert. Der Taumelkäfer schwimmt halb ins Wasser eingetaucht wie ein Boot. Durch seine wächserne Körperschutzschicht wird er nicht naß. Aber er kann auch tauchen. Versucht ihn einmal zu fangen, dann werdet ihr es feststellen! Habt Geduld, er wird bald wieder auftauchen, es sei denn, er hält sich an einer Pflanze fest. Taumelkäfer lassen sich gut im Aquarium beobachten – aber man muß auch an ihren Riesenappetit denken.

Laßt euch nicht täuschen!

Ihr habt geglaubt, es sei eine Schwimmwanze *(Naucoris)*...

- weil sie flog; eines Tages habt ihr sie überraschend mit anderem Getier in einer alten Wassertonne gefunden;
- weil sie Töne von sich gab, indem sie die Flügel aneinanderrieb, wie es die Schwimmwanzen tun;
- weil sie, wie alle fleischfressenden Insekten, für die Sauberkeit der Teiche sorgt, indem sie kranke Tiere fängt und frißt.
- Aber ihr habt nicht gesehen, daß ihre Vorderflügel glatt sind und die Vorderbeine relativ große Scheiben tragen, die man nur mit der Lupe entdecken kann;
- ihr habt nicht bemerkt, daß das Weibchen zuweilen deutlich hervorspringende Längsrippen auf den Deckflügeln trägt.
- und ihr habt nicht das Muster des Rückenschilds betrachtet; dort zieht sich nämlich ein gelber Rand um den ganzen Brustteil (Thorax) und an den beiden Flügelseiten entlang.

...es war aber ein Gelbrandkäfermännchen *(Dytiscus marginalis)*.

Merkwürdige Wasserschmetterlinge

Überall an den Teichen und Sümpfen sehen wir Schmetterlinge: die kleinen Kohlweißlinge *(Pieris)*, die Gelblinge *(Colias)* oder die roten Widderchen *(Zygaenidae)*, die wir von April bis Oktober beobachten können. Aber gibt es auch Wasserschmetterlinge? Ja, aber sie sind seltener! Der Seerosenzünsler *(Nymphula nymphaeata)* ist von Mai bis August unterwegs. Er ist weiß mit brauner Zeichnung und besitzt 4 schwarze und hellgelbe Bänder. Seine Flügelspannweite beträgt 2–2,6 cm. Seine Raupe atmet durch die Haut und bohrt sich in die Seerosenblätter ein.

Der Wasserlinsenzünsler *(Pyralidae)* kommt von Juli bis August vor. Seine Raupe ernährt sich von Wasserlinsen. Das Männchen ist hellbraun mit einer dunklen Borte am unteren Vorderflügel. Das Weibchen ist braunrot, auf der Unterseite weißlich und braun eingefaßt.

Der Krebsscherenzünsler lebt von Juni bis September (Flügelweite 1,8–2 cm). Seine Raupe (Länge 5 cm) bevorzugt die Blätter der Krebsschere; sie besitzt Tracheenkiemen und lebt unter Wasser. Andere Wasserraupen benutzen den Luftfilm an ihren Härchen als Atemvorrat.

Der merkwürdigste Schmetterling dieser Gruppe ist vielleicht der kleine weiße Zünsler *(Acentropus niveus;* Spannweite 1–1,2 cm). Ein Teil der Weibchen ist geflügelt wie die Männchen, andere haben nur verkümmerte Flügel und verlassen das Wasser nie. Die Raupe lebt immer im Wasser und erreicht eine Größe von 1,5 cm Länge.

Die Enten des Sommers

Gänsesäger (Mergus merganser) *mit seinem dünnen, sägeartig gezähnten Schnabel.*

Löffelente (Anas clypeata) *beim Abheben.*

Knäkente (Anas querquedula).

Krickente (Anas crecca).

Die Augustsonne treibt uns den Schweiß aus den Poren, nur ein leichter Wind bringt uns am Spätnachmittag etwas Kühlung. In einem Tümpel voller Pflanzenwuchs plätschern gemächlich Knäk- und Löffelenten. Wir können jetzt nicht mehr ihre schmucken Hochzeitsfarben bestaunen, die die Männchen nur zur Brautwerbung von März bis April tragen. Alle Entenmännchen bilden nämlich im Lauf eines Jahres 2 verschiedene Gefieder aus: ein „Hochzeitskleid“ und ein „Schlichtkleid“, das sie nach Beendigung der Bruten anlegen. Dann tragen Männchen und Weibchen ähnliche Gefieder, so daß man sie schwer voneinander unterscheiden kann.

Selbst im blaßbraunen Schlichtkleid sieht die Knäkente noch sehr vornehm aus. Sie bewegt sich anmutig und neigt ihren schlanken Kopf fast würdevoll, wenn sie mit dem Schnabel kleine Wassertiere, Fischbrut oder zarte Blätter, Wurzeln und junge Triebe sucht. Im Morgengrauen hört man ihr kurzes Schnarren und Knarren.

Man darf die Knäkente aber nicht mit der Krickente verwechseln. Es handelt sich um verschiedene Arten: Die Knäkente ist größer und trägt helleres Gefieder; sie

Brandgans
(Tadorna tadorna).

Stockente
(Anas platyrhynchos).

Löffelente
(Anas clypeata).

Pfeifente
(Anas penelope).

Tafelente
(Aythya ferina).

Mittelsäger
(Mergus serrator).

zieht früher als die Krickente weiter und kehrt nicht vor März/April für 4 Monate zurück. Sie zählt zu den reiselustigen Zugvögeln – in Frankreich liegen ihre südlichsten Nistplätze.

Mit ihr zusammen sieht man zuweilen die Löffelente. Sie liebt es, im flachen Wasser von Weihern umherzuwaten, die reich an organischen Stoffen sind. Im Frühjahr kann man eindeutig das Männchen am weißen Gefieder von Brust und Bauch erkennen. Eigentümlich ist auch das schillernde Grün des Kopfes und eines Teils der Flügeloberfläche (Spiegel) sowie der rötliche Farbton des Gefieders. Selbst abends sind diese Merkmale und der große, platte, löffelartige Schnabel noch gut zu erkennen. Er wirkt recht drollig, ist aber bei der Löffelente genauso zweckmäßig wie beim großen weißen Löffler aus der Familie der Ibisse, der in Küstensümpfen an der Nordsee nistet. Auch zum unscheinbaren sommerlichen „Tarnkleid" wirkt dieser auffallende Schnabel nicht störend.

Man findet die Löffelente vor allem nachts auf dem Wasser, denn sie liebt die dann in großen Mengen an die Oberfläche aufsteigenden Kleinlebewesen wie Krebse und Wasserflöhe (Plankton). Mit dem löffelförmigen Schnabel kann sie bequem das Plankton aufnehmen; sie verschmäht aber auch keineswegs Wasserlinsen, Binsen- und Laichkrautkörner. Diese Nahrung schätzt sie überall, wo sie heimisch ist: von Großbritannien bis zum Mittelmeer.

Bei den Enten entdeckt man an der Spitze der oberen Kieferleiste einen nach unten gebogenen Haken, der in die untere Kieferleiste paßt. Diesen Schneideapparat finden wir vorwiegend bei Tieren, die Nahrung herausziehen oder abreißen müssen.

Beobachtet einmal Schwäne oder Gänse, wenn sie auf den Feldern Kräuter, Wurzeln und Getreide, besonders aber die begehrten zarten Schößlinge abzupfen und dabei ihre eigentümlichen nickenden Freßbewegungen ausführen.

Diese Vorrichtung an der Schnabelspitze ist bei den Fleischfressern sehr schmal und wesentlich spitzer und schärfer. Der schmale Schnabel der Säger dient vor allem dazu, Fische zu ergreifen und sie mit Hakenzähnchen festzuhalten. Der Entenschnabel hat keine Zähne, sondern Hornleisten (Lamellen). Aufgrund der Anordnung dieser Lamellen kann man die Enten auch nach der verschiedenen Art ihrer Nahrungsaufnahme unterscheiden.

Die Reiher und ihr Gewölle

Wußtet ihr, daß nicht nur Greifvögel die unverdaulichen Nahrungsreste herauswürgen? Das machen auch die Graureiher *(Ardea cinerea)*: In ihren Horsten finden wir Gewölle. Die Graureiher nisten dicht beieinander in Kolonien auf hohen benachbarten Bäumen. Man kann leicht ihre großen Nester erkennen, die aus Zweigen und Ästen der Eiche, Buche oder Fichte gebaut sind. Diese Horste sind regelrechte Flughäfen und Stützpunkte, die manchmal von Stürmen heftig durchgeschüttelt werden.

Wundert euch nicht, wenn plötzlich ein Graureiher vor euch auftaucht. Sie stehen nicht immer so unbeweglich am Ufer, wie sie auf Abbildungen ägyptischer Schmuckfriese dargestellt sind; sie setzen sich auch gern auf den Bäumen in Pose.

Diese großen Vögel jagen alles, was in, über und am Wasser lebt: Fische, Amphibien, Insekten, Nagetiere – gelegentlich sogar Schlangen, Küken und junge Kaninchen. Der Graureiher verschlingt seine Beute sofort oder zerteilt sie mit einigen schnellen Hieben in schnabelgerechte Portionen.

Der Nachtreiher (Nycticorax nycticorax) *und seine Gefährtin bebrüten fast einen Monat lang abwechselnd die 4–5 blaugrünen Eier.*

Andere Reiher, wie die Nachtreiher *(Nycticorax nycticorax)*, die Zwergdommeln *(Ixobrychus minutus)* oder die Rohrdommel *(Botaurus stellaris)* leben im Schilf, wo sich auch ihre Nester aus Stengeln und Blättern der Seggen und Sauergräser befinden. Diesen Nestern droht keine Absturzgefahr. Die kleineren Reiher tun sich an Fischchen, Fröschen und Insektenlarven gütlich. Das beweisen die Gewölle, die wir in der Nähe der verlassenen Nester finden.

Alle Gewölle der Reiher weisen auf die Vielfalt und den Reichtum an Nahrung hin. Da sie auch kranke und schwache Tiere erbeuten, verhindern sie die Ausbreitung von Krankheiten und sorgen für einen lebensfähigen Tierbestand.

Im Winter finden die Reiher im Norden nur wenig Nahrung, denn ihre Beutetiere überwintern im Ruhezustand oder sind auf Wanderschaft gegangen. Deshalb ziehen die Reiher im Spätherbst in wärmere Gefilde oder suchen landeinwärts weite Gebiete nach Feldmäusen ab.

Wenn ihr in dieser Jahreszeit ein gesundes Tier antrefft, das sein Revier nicht verlassen hat, gebt ihm Fleischabfälle. Ihr helft ihm so zu überleben. Findet ihr einen verwundeten Reiher, solltet ihr ihn mit Hilfe eines Fachmanns durchfüttern und betreuen. Trägt er einen Fußring, so notiert die Markierung und schickt sie an die nächste Vogelwarte. (In Deutschland: Radolfzell-Möggingen; Helgoland – Sitz Wilhelmshaven –; Hiddensee auf Rügen. In Österreich: Neusiedl am See; In der Schweiz: Vogelwarte Sempach.)

Früher jagte man die Reiher nicht wegen ihres Fleisches, sondern wegen des von ihnen angerichteten Flurschadens. Heute sind sie geschützt. Manche Jäger schätzen sie immer noch nicht besonders, da sie ihnen die Enten verschrecken und zum Verstummen bringen, wenn sie sich in ihrer Nähe ansiedeln. Aber ein guter Jäger beachtet das Gesetz. Auch die Fischzüchter klagen manchmal über die unerwünschten Besuche dieses großen Fischjägers. Sie sollten ihre Teiche mit Schutznetzen sichern oder Hunde mit hellem Fell halten, die in der Dämmerung die Reiher verscheuchen. Bevor man die Graureiher unter Naturschutz stellte, führte man über die von ihnen angerichteten Schäden genaue Untersuchungen durch. Es stellte sich heraus, daß sie nur geringfügig waren.

Der Graureiher (Ardea cinerea) *gehört zu den Teilziehern. Er nistet in Kolonien auf Bäumen.*

Man sollte eigentlich nicht von Schäden sprechen, denn der Mensch hat den Reihern einen großen Teil ihres Lebensraums geraubt, indem er durch den Mißbrauch von Pestiziden beim Akkerbau und die Verschmutzung der Flüsse vielen Fröschen und Fischen den Garaus gemacht hat. So ist es verständlich, daß die Reiher auch außerhalb der Naturschutzgebiete auf Nahrungsfang gehen, wenn dort ihre Ruhe vom Lärm der Fabriken und Maschinen, die sich am Rande der Sumpfgebiete ansiedeln, gestört wird.

Die Kleinen

Schnelle, kleine Vögel mit langgestreckten Schnägeln rennen unmittelbar vor uns in einer Art Zick-Zack-Kurs. Sie halten bei ihrer tastenden Suche nach Würmern und Insekten die Schnäbel stets auf den Boden gerichtet; dabei stoßen sie einen komischen, schmatzenden Laut aus – ähnlich einem lauten Kuß. Ihr könnt versuchen, sie mit einem ähnlichen Geräusch herbeizulocken, indem ihr heftig die Lippen auf den Arm preßt, ansaugt und dann plötzlich loslaßt.

Im Mai gleitet das Bekassinenmännchen *(Gallinago gallinago)* während der Balz gelegentlich sanft im Flug herab, dabei streichen die Schwanzfedern wie ein

Schrille Schreie im Sumpf

Vieles von dem reichen, geheimnisvollen Leben der Sumpfgebiete bleibt unsichtbar, mitunter verrät es sich aber durch einen vielstimmigen Chor von Schreien und Pfiffen.

Zu jeder Tageszeit können wir im Schilf grunzende, quiekende Laute („köp-köp-köp; kep-kep-kip-kirr") hören, die an ein verängstigtes Schwein erinnern. Das sind die Stimmlaute der Wasserralle *(Rallus aquaticus)* während der Balz. Dieser Vogel von der Größe einer Amsel hat einen langen, spitzen, rötlichen Schnabel; die Flügel sind braun, die Flanken schwarzweiß gebändert. Er liebt sumpfige, üppig bewachsene Gräben und dicht stehende Binsenbüschel. Unerwartet taucht die Ralle vor uns auf und ist genauso schnell wieder im dichten Pflanzengewirr verschwunden.

Diese Vögel bauen ihre Nester auf dem sumpfigen Boden inmitten dichten Pflanzengestrüpps. Ihre Nahrung setzt sich aus Insekten, Würmern und Fröschen (von denen sie mit Vorliebe nur das Hirn verspeisen) zusammen. Sie mögen auch Pflanzen jeder Art und schmackhafte Körner, die sie unweit des Gewässers suchen. Die Wasserralle ist eine hervorragende Schwimmerin, obwohl sie keine Schwimmlappen wie das Teichhuhn besitzt. Hingegen ist sie ein schlechter Flieger und erhebt sich nur in die Luft, wenn es unbedingt nötig ist. Ihr könnt sie beobachten, wenn ihr sie aufstört: Schwerfällig steigt sie auf und landet nach kurzem Flug wieder.

Weit entfernt und selten hört man in der Dämmerung nachts eine Art Ochsengebrüll aus den ausgedehnten Schilfwäldern. Dieser schaurig-traurige Ruf verrät die Rohrdommel *(Botaurus stellaris)*. Sie ist eine Einzelgängerin und zur Fortpflanzungszeit Tag und Nacht unterwegs; sie fliegt nur selten.

Ihr Speisezettel ist wie der anderer Reiher ganz auf fleischliche Kost ausgerichtet, aber sehr abwechslungsreich: Nagetiere, Amphibien, Fische, Larven jeder Art, Blutegel und sogar andere kleine Vögel, die zufällig ihren Weg kreuzen. Die kräftigen Beine sind ganz aufs Gehen und Laufen zugeschnitten. Sie ist ein Meister der Tarnung: Sie erstarrt schon beim geringsten Geräusch und stellt sich ganz unbeweglich – sie nimmt die sogenannte „Pfahlstellung" ein, um einen Störenfried besser sehen zu können. Mit ihrem langen spitzen Schnabel schlägt sie zu wie der Blitz. Ihr braun und rotschwarz gesprenkeltes Gefieder ist ganz dem braun-grünen Schilfdickicht angepaßt.

Rohrdommel (Botaurus stellaris).

Wasserralle (Rallus aquaticus).

mit den langen Schnäbeln

Fächer durch die Luft, und die aufgespreizten Schallfedern erzeugen das sogenannte „Mekkern", das diesem Vogel auch den Namen „Himmelsziege" eingetragen hat. Sie nisten bei uns in Hoch- und Niederungsmooren, in der Heide und im feuchten Grünland, in Sumpfgebieten, an schlammigen Flüssen, an langsamen Wasserläufen und Weihern. Männchen und Weibchen tragen das gleiche Gefieder. 3 Wochen lang brütet das Weibchen seine 4 olivfarbenen, braungefleckten Eier im Nest aus. Es liegt gut getarnt zwischen Pflanzen und Grasbüscheln in einer Bodenmulde, die der Vogel entweder ausscharrt oder vorgefunden hat.

Die Bekassinen sind etwas kleiner (26 cm hoch) als die Waldschnepfen *(Scolopax rusticola)*. Sie gehören zu den Teilziehern, d. h., einige sind seßhaft, aber die meisten fliegen im Herbst nach Süden. In Frankreich versuchen die Jäger sie mit einem Trick zum Landen zu bewegen: Sie bereiten ihnen besondere Plätze vor, indem sie Schilf und Rohrkolben abschneiden und verbrennen und anschließend neue Erde darauf häufeln. In dieser Erde entwickeln sich massenhaft Insekten und Würmer. Die Bekassinen wittern die schmackhafte Beute und unterbrechen ihre Reise. Sie merken nicht, welche Gefahr ihnen droht.

Bekassine (Gallinago gallinago).

Verborgenes Leben auf dem Treibgut

Mancherlei Treibgut schwimmt in den Gewässern herum: Blätter, abgestorbene Holzstücke, Schilfrohrabfälle... Holt einmal etwas davon heraus. Man findet Eier und viel kleines Getier auf ihnen. In sauberen Gewässern kann man auch auf den Süßwasserpolyp *(Hydra)* mit seinen schlanken Fangarmen (Tentakeln) stoßen.

Süßwasserpolypen mit Knospen.

Wartet einen Augenblick ab, erst dann könnt ihr ihn richtig erkennen. Es ist nicht einfach; ihr müßt zuerst die Unterlage ein wenig schütteln. Seine fast durchsichtige Gestalt macht den Polypen beinahe unsichtbar, vor allem, wenn er sich zu einem grünen, braunen oder grauen Klümpchen zusammenzieht. Habt ein wenig Geduld! Nehmt ihn mit, und setzt ihn in ein Glasgefäß mit Teichwasser; bald strecken sich diese kleinen röhrenförmigen Körper wieder in die Länge (2–3 cm) und schieben die weichen Tentakeln heraus, bis die langen Arme sanft im Wasser treiben.

Im Biologieunterricht habt ihr vielleicht schon vom Süßwasserpolypen gehört. Hier könnt ihr ihn nun wirklich beobachten und zusehen, wie eine Mückenlarve, die seine Tentakeln berührt hat, schnell von diesen ergriffen und umschlossen wird. Die Tentakeln tragen Nesselkapseln, jede Kapsel enthält eine giftige, ätzende Flüssigkeit. In ihr liegt ein zusammengerollter Schlauch, dessen Ende zu einem Stilett ausgeformt ist. Die gefangene Mückenlarve, die bereits tot oder von der Flüssigkeit gelähmt ist, wird von den Tentakeln zum Mund gestrudelt und gelangt von dort in den Magenraum. In unserem Aquarium würden die Polypen die ganze Fischbrut vernichten. Seid also vernünftig, und setzt besser keinen solchen Vielfraß in euer Aquarium.

Diese Nesseltiere gehören zu den Hohltieren *(Coelenterata)*. Sie leben auf Wasserpflanzen oder treibendem Abfall, wo sie sich mit einer Fußscheibe, die gegenüber der Mund- und Afteröffnung liegt, angesaugt haben. Im Sommer vermehren sich die Polypen bei warmen Temperaturen durch Knospung; sie können aber auch Eier abgeben, falls es zu kalt geworden ist und eine Knospung nicht mehr stattfinden kann. Aus den Eiern gehen kleine Schwimmlarven hervor, die sich bald wieder auf irgendeiner Unterlage festsetzen und die Nachkommenschaft sichern.

Polypen verändern ihren Standort durch Bewegungen, die an die Spannerraupen erinnern. Dabei heften sie sich mit dem Mund oder der Fußscheibe an. Sie haben die eigentümliche Fähigkeit, zerstörte

Eine besondere

Wenn ihr einmal nach Südfrankreich in Ferien fahrt, dann seht euch am Fuß der Pyrenäen um. An den sumpfigen Uferböschungen könnt ihr dort eine besondere Entdeckung machen. Hört ihr zuweilen auch ein wohlklingendes „Bluff"? Dies ist der typische Laut der europäischen Sumpfschildkröte, die hier noch zu Hause ist. Leider sind es nur noch wenige. Zu viele wurden getötet, obwohl sie dem Menschen als gefäßige Schädlingsvertilger nützlich sind.

In den Naturschutzgebieten der Camargue (Südfrankreich) finden wir die griechische Landschildkröte *(Testudo hermanni)* und die Wasserschildkröte *(Clemmys caspica)*.

Erstere lebt in trockenem, steinigem, von Sträuchern bewachsenem Gelände. Um ihre vorwiegend pflanzliche Nahrung verdauen zu können, benötigt sie die Wärme der Sonne. Im Winter vergräbt sie sich im Erdreich, wo der Frost sie nicht erreichen kann.

Die Wasserschildkröte hält sich – wie ihr Name sagt – mit Vorliebe in den Wassergräben des Sumpfes auf und jagt dort nach Schnecken, Fröschen, Kröten, Lurchen, kleinen Fischen und Insektenlarven; sie nimmt ihre Mahlzeiten nur im Wasser ein. Sie überwintert im Schlamm.

Jede Schildkröte sieht ein bißchen anders aus. Die Farbe des Kopfes – den sie stets der Sonne entgegengestreckt hält – kann von Gelb bis ins Schwarze hinüberspielen. Das Sehvermögen ist beachtlich, sie unterscheidet Formen und Farben; ihre Pupillen sind beweglich. Das weist darauf hin, daß sie weder ganz zu den Reptilien noch zu den Amphibien gehört, sondern eine deutlich in sich abgeschlossene Kriechtierordnung darstellt.

So friedlich die Schildkröten sonst miteinander umgehen, so heftig schlagen sie in der Fortpflanzungszeit aufeinander los. Ihre Kiefer besitzen keine Zähne, sondern tragen Hornscheiden mit Schneiderändern. Während der Rivalitätskämpfe vor der Paarung hacken, beißen und schnappen sie nach den Beinen des Nebenbuhlers und des Weibchens. Dabei geht es so heftig zu, daß sie sich nicht selten Verletzungen zufügen.

Der Sieger schiebt sich über den hinteren Teil des Rückenpanzers seiner Partnerin und zwingt sie durch Bisse, den Kopf und die Vorderbeine einzuziehen. Dann blokkiert er mit seinem Kopf die Panzeröffnung ihres Kopfes. Das Weibchen muß nun blind herumschwimmen. Dieses Brunstverhalten dauert mehrere Tage. Erst dann findet die eigentliche Paarung statt, die nur 5–10 Minuten dauert. Wenn es dem Weibchen nicht gelingt, hin und wieder den Kopf über die Wasseroberfläche zu strecken und nach Luft zu schnappen (Luftatmung ist bei den Wasserschildkröten immer noch wichtiger als der Gasaustausch im Wasser), ertrinkt es.

Schildkröten legen Eier und müssen zur Eiablage an Land kommen. Mit dem Schwanz und den Hinterbeinen, die mit scharfen langen Nägeln versehen sind, gräbt sie ein Loch in den Erdbo-

Körperteile nachzubilden (Regeneration); außerdem kann ein einziges Tentakel – vorausgesetzt, es findet sich noch ein kleiner Teil des Mundstücks daran – einen neuen Polypen hervorbringen. Das geht sogar noch mit einem winzigen Teil des Körpers ($^1/_{200}$); er muß nur aus den inneren Verdauungszellen und den äußeren Nerven- und Nesselzellen bestehen.

Vielleicht entdeckt ihr auch noch andere Tiere auf dem Treibgut, z.B. grünlich oder weißverzweigte Gebilde: das sind Süßwasserschwämme *(Spongilla)*. Wie bei den Meeresschwämmen umgibt die äußere Körperwand eine einzige Höhlung und ist von vielen Poren durchbrochen. Die einen dienen dem Wasser als Eingang, die anderen als Ausgang.

Vielleicht habt ihr Glück und findet eine kleine Muschel (2 cm), die zu den Dreiecks- oder Wandermuscheln *(Dreissenidae)* gehört. Sie ist dreikantig, kahnförmig; die Schalenfärbung ist gelb-grün mit brauner Marmorierung. Sie sondert durch eine Drüse an der Fußwurzel (Byssusdrüse) klebrigen Schleim (Byssus) ab, der im Wasser zu Byssusfäden erhärtet. Diese Fäden dienen der Muschel zum Anheften auf einer Unterlage. Das erwachsene Tier bleibt meist an einem Ort sitzen. So kommt es auch vor, daß es manchmal auf dem Trockenen sitzt, wenn sich das Wasser senkt.

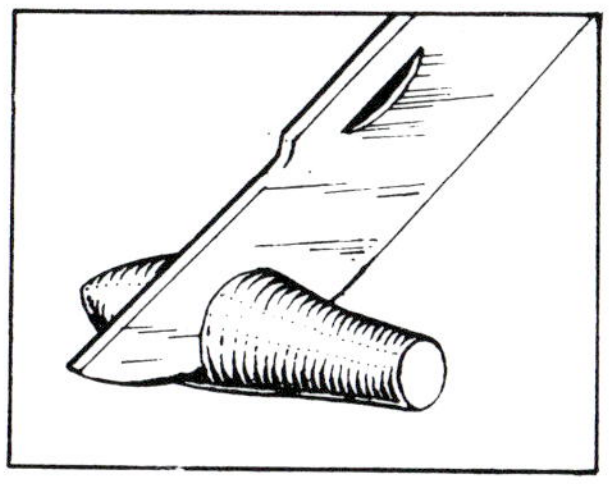

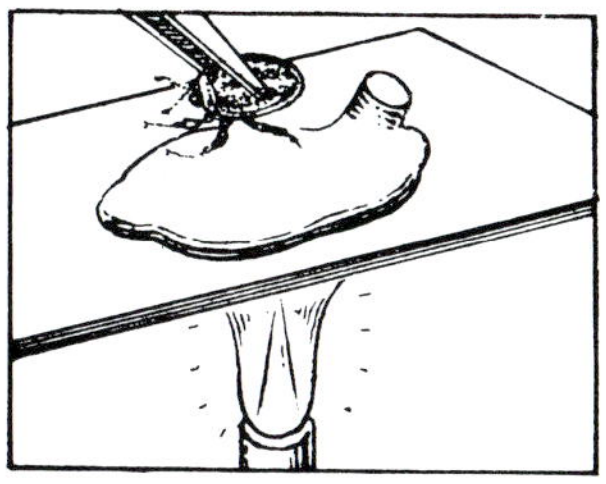

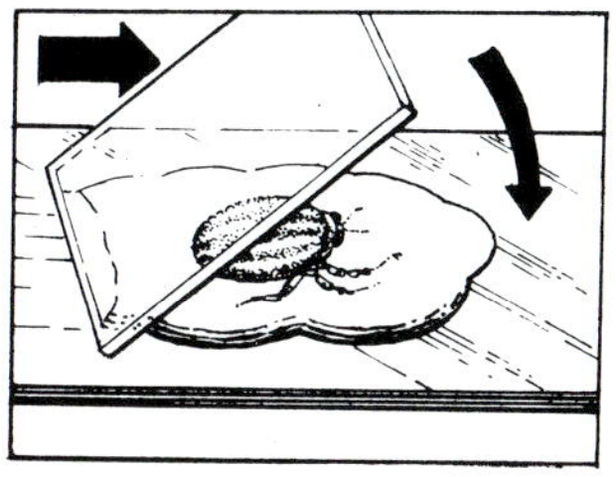

Für den Sammler

Gelegentlich werdet ihr tote Tiere finden. Krebstiere oder kleine Käfer könnt ihr gut aufbewahren, wenn ihr folgendermaßen vorgeht:
Material: Objektträger, Deckgläser, Bunsenbrenner oder irgendeine andere Brennstelle und ein Glyzerinzäpfchen.
Technik: Schneidet ein Stück vom Zäpfchen ab und legt es auf den Objektträger. Dann erhitzt das Ganze.

Das Glyzerin wird weich und löst sich auf; mit Hilfe einer kleinen Pinzette legt nun vorsichtig euer kleines Tier auf den Objektträger.

Streicht langsam und vorsichtig mit dem Deckglas das weiche Glyzerin ein wenig glatt; dann legt behutsam das Glas auf. Nach kurzer Zeit ist das Glyzerin erkaltet und hart geworden: Das Tier ist konserviert! Die gleiche Wirkung erzielt ihr, wenn ihr farblosen Nagellack verwendet. Nach dieser Behandlung könnt ihr euren Fund lange Zeit in eurer Sammlung aufbewahren.

Ferienüberraschung!

den. Sie kann die Erde aufweichen, indem sie Wasser durch ihre Darmanhangdrüsen abgibt; diese werden mehrmals mit Teichwasser nachgefüllt... Ist das Loch gegraben, legt sie ihre von einer Kalkschale geschützten Eier hinein und scharrt es wieder zu. Dazu benutzt sie ihren Brust- und Rückenpanzer. 4 Monate später schlüpfen die Jungen aus.

Die kleinen Schildkröten schlüpfen im September und müssen sich dann so voll fressen, daß sie den Winter überstehen können. Denn klein wie sie sind (3 cm), stellen sie für Nattern und andere Raubtiere eine verführerische Beute dar.

Mit ihren Beinen kann sich die Sumpfschildkröte ebenso gut auf dem Land wie im Wasser fortbewegen. In der Regel verbringt sie die sonnige Zeit des Tages auf dem Land.

Mückenvertilger im Aquarium

Wir können in unserem Aquarium Gambusien (Gambusia) aufziehen; das sind kleine (8 cm), lebhafte, silbriggraue Fischchen mit braunem Rücken. Glücklicherweise wurden sie aus Nordamerika eingeführt, denn sie haben sich als hervorragende Mückenvernichter erwiesen. Holt euch mit Erlaubnis des Eigentümers ein Paar aus seinem Teich oder kauft euch welche in einem Zoogeschäft. Im Winter müßt ihr das Aquarium an einen warmen Platz stellen, denn sie nehmen Schaden, wenn die Temperatur unter 10°C sinkt.

Die schlanken Männchen besitzen eine schmale, verlängerte Afterflosse (Gonopode); die Weibchen sind plumper. Die Afterflosse ist bei ihnen normal ausgebildet. Zu bestimmten Zeiten sieht man an dieser Afterflosse einen schwarzen Fleck, der sich zunehmend vergrößert: Das sind die Jungen, die im Eierstock heranwachsen und die man durch die Haut schimmern sieht. Trennt die Mutter sofort nach der Geburt von ihrer Brut; die Gambusieneltern fressen ihre Jungen sonst auf.

Das Gambusienmännchen führt seinen Samen (Sperma) mit Hilfe einer Gonopode ins Weibchen ein (interne Befruchtung). Die befruchteten Eier entwickeln sich im Weibchen etwa einen Monat lang. Die Temperatur darf dabei nicht Unter 15° C absinken!

Dieser amerikanische Fisch weist noch eine weitere Besonderheit auf: Er ist ovovivipar, d. h., die Jungen schlüpfen sofort nach der Eiablage. Das ist ungewöhnlich. In der Regel geben andere Männchen ihren Samen nämlich über dem Eigelege ab (externe Befruchtung), und erst nach einigen Wochen schlüpfen die kleinen Fische.

Die Gambusien sind ganz verrückt nach Stechmückenlarven. Wir müssen schon eine ganze Menge herbeischaffen, um sie zufriedenzustellen. Sie sind Fleischfresser und nehmen auch gerne Zuckmückenlarven, Wasserflöhe, Wurmstücke und sogar Fleischabfälle zu sich. Wenn sie gut ernährt werden, sind sie nicht angriffslustig. Man kann sie dann gut zusammen mit anderen gleichgroßen Fischen im Aquarium aufziehen.

Wo die Köcherfliegen zu Hause sind

Larve der Köcherfliege (Trichoptera).

Wenn wir den Schlammboden mit dem Käscher aufwühlen und den Netzinhalt vorsichtig ausschwemmen, fördern wir neben abgerissenen Pflanzenteilen merkwürdige kleine Röhrchen zutage. Neugierig brechen wir eines auf. Diese Gehäuse sind aus Ästchen, Schilf-, Pflanzen- und Muschelschalenresten, gelegentlich sogar aus Sand oder Kieseln gefertigt. Ein zartes, kleines Tier steckt bis zur Brust darin. Es trägt das Gehäuse wie ein Schneckenhaus. Wir haben es beschädigt; ein gelblicher Saft fließt aus. Schade, wir haben ein kleines Lebewesen zerstört!

Dabei hätten wir die Larve ohne Schaden herausnehmen können, wenn wir sie mit einem Stecknadelkopf von hinten nach vorne geschoben hätten. Die Köcherfliegenlarven haben am Thorax 3 Beinpaare, die den Köcher halten. Mit einem zusätzlichen „falschen" Beinpaar am Hinterleib krallen sie sich unten am Gehäuse fest. Am Hinterleib sehen wir die Kiemenfäden, mit denen die Larve im Wasser atmen kann. Ist die Larve auf den Weihergrund gesunken, schneidet sie sich dort Pflanzenstücke ab und zermalmt diese mit ihrem „Reibeapparat". Kopf und Beine zieht sie, sobald Gefahr droht, rasch wieder ins Gehäuse zurück.

Je nach Form und Baumaterial des Köchers kann man die Art der Köcherfliege bestimmen.

Der Köcher erleichtert dem Tier das Schwimmen und schützt es vor Feinden. Er speichert nicht nur einen Luftvorrat – allerdings weniger als beim Taumelkäfer – sondern dient auch als Ballast, damit sich das Tier auf die bevorzugte Wassertiefe einpendeln kann. Wir wollen einmal sehen, wie eine Köcherfliege ihre Behausung baut. Dazu schieben wir sie vorsichtig aus ihrer alten Hülle heraus und setzen sie in ein Glas, in das wir zuvor ausgewähltes Baumaterial gestreut haben. Die Larve beginnt sofort mit dem Bau eines neuen Köchers, indem sie die vorhandenen Baumaterialien mit dem Schleim ihrer Speicheldrüse vermengt und die Einzelteile zu einem neuen Gehäuse zusammenfügt. Das Ganze ist so haltbar, daß es sogar unserem Fingerdruck standhält. Ständig erweitert die Larve ihr Gehäuse, paßt es ihrer Körpergröße an und bessert entstandene Schäden aus.

Gebt den „Baumeistern" verschiedene Baumaterialien, und vergleicht, welchen Gebrauch die Köcherfliege davon macht. Nach einigen Stunden angestrengter Bautätigkeit sind kunstvolle Gebilde aus den angebotenen Zweigen, Steinen und Muschelstücken entstanden. Der Naturforscher Fabre beobachtete sogar, daß die unermüdlichen Bauarbeiter selbst Reiskörner zu ihren Kunstwerken verwendeten.

Es gibt auch Köcherfliegen, die sich keine Gehäuse bauen. Die Puppen der übrigen finden in einem Kokon im Inneren des Köchers, den sie mit Speichelsekret verfertigt und mit einem luftdurchlässigen Deckel verschlossen haben, Schutz. So kann frisches Wasser die Hülle durchströmen und Atemluft liefern.

Diese Öffnungen werden von der Puppe mit den Oberkiefern (Mandibeln) gesäubert. Mit ihnen durchstößt sie auch am Ende der dritten Woche den Deckel. Die beweglich gebliebene Puppe verläßt das Gehäuse, erreicht mit ihrem zweiten Beinpaar schwimmend die Wasseroberfläche oder das Ufer und häutet sich dort zum letztenmal. Jetzt ist sie zum erwachsenen Insekt (Imago) geworden. Sie fliegt davon und lebt nur noch, um sich fortzupflanzen.

Inzwischen habt ihr sicher schon zahlreiche Gläser voller Getier mit nach Hause gebracht. Verlest sie gut, bevor ihr die Tiere in euer Aquarium bringt. Sucht aus, was miteinander leben kann. Was sich nicht verträgt, trennt lieber.

Sobald wieder Ruhe im Aquarium eingekehrt ist, nehmt eine Lupe zur Hand und betrachtet eure neuen Schätze.

Insekten im Aquarium

Erstaunliche Eintagsfliegen

Die Larve der Eintagsfliegen *(Ephemeroptera)* hat einen Kopf mit 2 Antennen; der Brustring trägt 3 Beinpaare; daran schließen sich Andeutungen von Flügeln an und ein gegliederter Hinterleib, der in 3 langen Schwanzanhängen ausmündet, von denen die beiden äußeren gleich lang sind. Über das Abdomen (Hinterleib) verteilt finden wir 7 Paar Kiemenblättchen, die meistens schnell schwingen und frische Atemluft herbeiführen. Unter dem Mikroskop oder dem Binokular sehen wir deutlich die röhrenartigen Gebilde an beiden Seiten des Abdomens, die sich wie Nerven in den Kiemenblättchen verzweigen: es sind die Atemröhren (Tracheen). Mit diesen Tracheenkiemen nutzen die Eintagsfliegen den im Wasser gelösten Sauerstoff zum Atmen.

Es ist schon erstaunlich, daß das ausgewachsene Insekt nur einige Stunden lebt, während es als Larve mehrere Jahre leben kann. Die Larven durchlaufen mehrere Häutungen und legen, bevor sie ihr letztes Stadium erreichen, eine Ruhepause ein. Erst dann beginnen sie, ihre zukünftige Gestalt auszubilden. Sie tragen schon Flügel, diese sind aber noch milchig trüb. Das Tier wirkt recht unscheinbar und glanzlos. Sein kurzes Leben in der Luft hat nur eines zum Zweck: die Fortpflanzung! Zum Fressen bleibt keine Zeit, die Mundwerkzeuge sind verkümmert. Das im Hochzeitsflug befruchtete Weibchen kehrt mit letzter Kraft zur Eiablage an den sumpfigen Ort ihrer Jugend zurück und legt dort ihr Eipaket auf die Wasseroberfläche ab oder setzt die Eier nacheinander einzeln im Fluge über der Wasseroberfläche ab.

Die Larven, die aus den Eiern schlüpfen, sind sehr klein; sie tragen zunächst nur zwei Schwanzanhänge und haben noch keine Kiemenblättchen. Diese wachsen während der 1–3jährigen Larvenzeit. Sie leben oft dicht unter der Wasseroberfläche oder graben sich in der Uferböschung oder am Grund U-förmige Gänge. Nachts schwimmen sie herum und gebrauchen dabei sehr geschickt ihre Mundwerkzeuge zum Zerreißen und Zerkleinern von pflanzlicher und tierischer Nahrung (Pflanzenreste, Schwebe- und Sinkstoffe).

Wie andere kleine Insekten und wie die Köcherfliegen benützen sie den im Wasser gelösten Sauerstoff zur Atmung.

Vielleicht fangt ihr auch die plumpe Larve der Schlammfliege *(Sialis)*. Sie ist an ihren kräftigen, gegliederten Abdominalanhängen (Tracheenkiemen), die der Atmung dienen, erkennbar.

Ihr werdet auch eine große Zahl Libellenlarven entdecken, die ihren Hinterleib im Rhythmus des ein- und ausfließenden Wassers bewegen. Wenn man sie genauer unter dem Mikroskop betrachtet, sieht man die eigentlichen, reich verzweigten Tracheenkiemen im Enddarm, mit denen die Larve atmet. Auch Käfer- und Steinfliegenlarven *(Plecoptera)* können Tracheenkiemen haben; andere Insektenlarven, etwa die der Zuckmücken, atmen durch die Haut.

Stechmückenlarven, die atmosphärische Luft aufnehmen, leben dicht unter dem Wasserspiegel und „hängen“ dort mit dem Kopf nach unten. Zur Luftaufnahme strecken sie den Hinterleib mit dem Atemrohr zur Wasseroberfläche empor. Weil sie schwerer als das Wasser sind, müssen sie durch ständige S-förmige Körperkrümmungen das Absinken verhindern. Ihre Puppen – Kugeln mit einem kleinen Schwänzchen – steigen in purzelbaumartigen Schwimmbewegungen nach oben und strecken 2 ausschiebbare Luftröhren aus.

Die Rückenschwimmerlarve mit der bezeichnenden Rückenschwimmlage hält sich wie die Wasserzikade dicht unter dem Wasserspiegel auf. Der Wasserskorpion heftet sich hingegen an Pflanzen fest. Seine typischen Atemfortsätze ragen zwischen ihnen hervor und verraten seine Anwesenheit.

Was treibt diese Insekten zur Wasseroberfläche? Wir haben es schon angedeutet: Obwohl sie im Wasser leben, müssen die Larven immer wieder Luft aufnehmen.

Kugelige Stechmückenpuppe; rechts daneben eine Mückenlarve.

◀ *Eintagsfliegenlarve* (Ephemeroptera), *Blick auf die Bauchseite.*

Dies tun sie mit Hilfe ihrer Siphonen, Atemröhren, die sie aus dem Wasser herausragen lassen. Oder sie stechen Pflanzen an und saugen aus ihnen die Luft ab.

Stechmückenlarven haben an ihrer Atemröhre 5 Ventile, die sie nur zur Luftaufnahme öffnen und unter Wasser rosettenartig verschließen. Alle Larven sinken bei der geringsten Störung in die Tiefe des Wassers ab.

Einige Insekten strecken sogar ihren Hinterleib aus dem Wasser. Schaut euch an, wie sie immer wieder abtauchen. Bei manchen sind die Haut- oder die Deckflügel von feinen Luftbläschen überzogen, was ihnen ein silbriges Aussehen verleiht, andere tragen am Hinterleib eine merkwürdige Luftblase. Sie speichern zwischen Körper und Flügeln einen Luftvorrat, den sie durch Öffnungen (Stigmata), die man unter dem Mikroskop deutlich sieht, in den Körper aufnehmen. Durch die hinteren Öffnungen wird die verbrauchte Luft, die sich nach und nach unter den Flügeln ansammelt, abgegeben, und erleichtert dem Tier den Aufstieg. Die Stigmata sind durch eine wasserabstoßende Härchenschicht geschützt.

Hat ein Schwimmkäfer seinen Luftvorrat getankt (indem er seine Hinterleibsspitze kurz aus dem Wasser gestreckt und für einen Augenblick die Flügel angehoben hat), dann hebt einmal seine Flügel mit einem Stecknadelkopf an. Wie man sieht, muß das Tier sofort wieder auftauchen, um die entwichene Luft nachzufüllen.

Der Kolbenwasserkäfer *Hydrous)* stellt seine mit wasserabstoßenden Härchen bedeckten Antennen aus dem Wasser. Die Luft strömt wie in einem Kanal zur Bauchseite hinunter und heftet sich dort an die Härchen. Wenn der Käfer taucht, schimmert sein Luftfilm an der Unterseite wie Silber.

Manchmal kann man auch sehen, wie der Kolbenwasserkäfer einen langen weißlichen Faden hinter sich herzieht: Das ist Schleim aus seinem Darm, den er von Zeit zu Zeit erneuern muß.

Im Aquarium ist der Kolbenwasserkäfer verträglicher als der Gelbrandkäfer, den man besser getrennt hält. Aber beide sind Räuber; bringt sie also besser nicht mit kleinen Fischen zusammen.

Der Kolbenwasserkäfer (Hydrous) *ist ein hervorragender Schwimmer; sein hinteres Beinpaar trägt Ruderhaare. Das Weibchen baut ein Schiffchen, klebt es an Schwimmpflanzen und legt darin etwa 50 Eier ab.*

Larve des Gelbrandkäfers (Dytiscus).

Wer hätte gedacht, daß . . .

... Fische mit Vorliebe Maimücken fressen? In Wirklichkeit sind es keine Mücken, sondern zwei Arten von Eintagsfliegen, die landschaftsbezogen von Mai bis Ende Juni auftreten können. Sie sind ausgezeichnete Fischköder. Die Angler wissen das am besten. Man stellt sogar Attrappen von ihnen her und befestigt diese an den Angelhaken. Auch ihr könnt die Eintagsfliegen als wirksame Köder für Forellen und Weißfische gebrauchen.

... auch Vögel Jagd auf das Uferaas *(Polymitarcis virgo)*, eine weitere Eintagsfliege machen? Sie sind eine geschätzte Beute der Schwalben, besonders der Uferschwalbe, die über der Wasseroberfläche dahinjagt; aber auch die Stelzen, die den Schwanz beim Gehen so merkwürdig hin und her rütteln, und die Ziegenmelker, die abends unterwegs sind, stellen ihnen nach.

... man das Alter eines Fisches an seinen Schuppen feststellen kann? Von Geburt an besitzt ein Fisch die gleiche Anzahl Schuppen. Sie wachsen mit, und zwar in der warmen Jahreszeit in der Regel 10mal schneller als im Herbst und Winter. Diesen Rhythmus sieht man an den konzentrischen Kreisen der Schuppen. Daran erkennt man das Alter des Fisches, ähnlich wie man das Alter eines Baumes an den Wachstumsringen des Stammes ermitteln kann. Nehmt am besten eine Lupe, um eine solche Schuppe genauer zu studieren! Dunklere Kreise gehen in hellere über: Die dunklen Abschnitte bezeichnen die kalten, die helleren und größeren Abschnitte die warmen Jahreszeiten.

Weißfische: *Von Karpfen, Schleien und Brassen*

Vom schlammigen Grund des Teiches steigen im Sommer unablässig Blasen auf; Pflanzen wogen im Blasenwirbel des lauwarmen Wassers; eine kleine Rotfeder mit silbernen Flanken und roten Flossen zappelt auf einem Seerosenblatt und versucht wieder ins Wasser zu gelangen; die Sonne durchleuchtet die seichteren Stellen und gibt den Blick auf Schwärme von Fischen frei, die unbekümmert durchs Wasser ziehen und von den Fischern als Weißfische *(Cypriniden)* bezeichnet werden.

Diese munteren Rotfedern *(Rutilus rutilus)*, Karpfen *(Cyprinus carpio)* und Schleien *(Tinca tinca)* wecken auch unsere Angellust. Als Ausrüstung brauchen wir nur wenig:

- eine biegsame Angelrute (Weiden- oder Erlenzweige),
- eine Angelschnur mit einem unauffälligen Schwimmer,
- einen natürlichen Köder – keinen Kunstköder.

Vor allem aber müssen wir die Genehmigung zum Angeln einholen!

Die Weißfische mit ihren weichen Flossen sind Fleisch- und Pflanzenfresser. Man kann sie aber auch mit gekochten Weizenkörnern, weichen Kartoffeln und Brot ködern. Auch kleine Würmer von der Uferböschung und Mehlwürmer, die sich das ganze Jahr über züchten lassen, sind ebenso brauchbare Köder wie alle anderen Larven, die man im Tümpel findet.

Sucht eine unbewachsene Stelle am Weiher oder schiebt mit einem Rechen die Pflanzen auseinander. Man kann den Rechen auch an ein Seil binden, ihn auswerfen und kräftig einholen. Die freie Wasserzone inmitten des üppigen Pflanzenwuchses wird bald gut von Fischen besucht sein.

Der untersetzte, hochrückige Karpfen wird sich dort nach seinen langen, gemächlichen Ausflügen einfinden. Seine Klugheit und sein Mißtrauen ist allen Anglern bekannt. Er schwimmt sehr lange vor dem Angelhaken herum, bevor er sich entschließt zuzubeißen... oder auch nicht.

Karpfen können mitunter sehr alt werden. Mit 30 Jahren wiegen sie etwa 10 kg! Karpfen sind sehr fruchtbar: 100000 Eier pro 1 kg Lebendgewicht; das sind doppelt so viel wie bei der Brasse *(Abramis brama)*, dreimal soviel wie beim Hecht *(Esox lucius)* und 50mal soviel wie bei der Forelle *(Salmo trutta)*. Sie sind ziemlich widerstandsfähig und leben bisweilen sogar in stark verschmutzten Gewässern, da sie mit relativ wenig Sauerstoff auskommen. An Fruchtbarkeit übertrifft ihn allerdings noch die Schleie: Sie legt sechsmal soviel Eier wie der Karpfen.

Vermutlich kennt ihr Teiche mit vielen fetten Karpfen und andere, in denen nicht ein einziges Exemplar zu sichten ist... Meßt an diesen Stellen einmal die Wassertemperatur! Fällt euch etwas auf? Wie die Brassen laichen die Karpfen nur bei 20° C und darüber.

Nach der Samenabgabe leben die Spermien ungefähr 5 Minuten. Die Befruchtung muß dennoch rasch erfolgen, obwohl ein Zeitverlust nicht so bedrohlich ist wie bei den Forellen, bei denen die Befruchtung innerhalb von 23 Sekunden abgeschlossen sein muß.

Der Karpfen legt seinen Laich auf Pflanzen im seichten Wasser ab; dazu eignen sich besonders die Laichkrautgewächse, die eine Menge Plankton um sich sammeln. Die jungen Fische (5 mm lang) schlüpfen etwa nach 4–6 Tagen aus. Sie und die Eier aller Weißfische sind eine schmackhafte Beute und Grundnahrung für die Bewohner und Besucher der Weiher, für Vögel, fleischfressende Fische, viele Insektenlarven und deren Imagines. Glücklicherweise gibt es viele Millionen Eier, so daß der Fischbestand gesichert ist. Die Rotfeder ist neben Karpfen und Schleien in großen Mengen vertreten. Man findet sie im kleinsten Tümpel ebenso wie in den großen Seen. Sie ist eine Pflanzenfresserin und liebt daher die klareren, sauerstoffreichen Gewässer.

Die Schleien vermischen sich leicht mit anderen Weißfischen wie etwa den Brassen, den Ukelei und den Karpfen; sie laichen meist in kühlen Gewässern zwischen April und Mai.

An warmen Sommertagen werden die Schleien häufig zu unserer ausgelichteten Wasserstelle kommen, um ihre Runden zu drehen. Oft halten sie sich aber auch unter den sonnenschirmartigen Seerosenblättern auf. Die Fischer bezeichnen sie manchmal als „Schweine", weil sie auf dem Grund der Gewässer leben, sich von Abfällen ernähren und dabei den Schlamm durchwühlen.

Schleien lassen sich übrigens mit großem Erfolg ködern, wenn man ihnen Kuhmist, Blut oder Küchenabfälle anbietet.

Man nennt die Schleien auch die „Arzthelfer des Teiches", da viele verletzte Fische an ihrem Schleim ihre Wunden pflegen.

Leicht alkalische Gewässer mit

Ukelei
(Alburnus alburnus).

Forellenbarsch
(Micropterus salmoides).

Bitterling
(Rhodeus amarus).

Steingreßling
(Gobio uranoscopus).

Flußbarsch
(Perca fluviatilis).

Rotfeder
(Rutilus rutilus).

Karpfen
(Cyprinus carpio).

Schleie
(Tinca tinca).

Brasse
(Abramis brama).

einem pH-Wert von etwa 8 sind für die Weißfische am besten geeignet. Wenn man sie kalkt, verbessert man den Knochenaufbau der Fische.

Grasen Rinderherden um die Weiher, so wirkt sich dies günstig auf das pflanzliche und tierische Plankton aus. Der Mist (Exkremente) wird bei Regenwetter ins Wasser gespült und gelangt somit in die Nahrungskette des Teiches.

In der kleinen, abgeschlossenen Welt des Sumpfes sind auch die großen Jäger unter den Fischen von Bedeutung: der Hecht *(Esox lucius)*, der Forellenbarsch *(Micropterus salmoides)* oder der Flußbarsch *(Perca fluviatilis)*. Sie fressen die kranken und schwachen Tiere und verhindern so Seuchen und abartige Entwicklungen; sie sind also eine Art „Gesundheitspolizei". Der Forellenbarsch und der Hecht sind übrigens keine Weißfische. Der Forellenbarsch kam aus Amerika zu uns und hat sich als sehr widerstandsfähig erwiesen. Man erkennt diesen schädlichen Vielfraß an seiner stachligen Rückenflosse.

Der langgestreckte Steingreßling *(Gobio uranoscopus)* trägt zu beiden Seiten des Mauls je einen Bartfaden (Bartel). Er sieht dem etwas kräftigeren Gründling *(Gobio gobio)* ähnlich, der jedoch weiter verbreitet ist.

Die schlanke, etwas größere Ukelei *(Alburnus alburnus)* trägt eine silbrige Regenbogenhaut; der Rücken ist blaugrün. Feinschmekker lieben sie gebraten.

Es ist schon ein kleines Ereignis, wenn man eine Brasse *(Abramis brama)* an der Angel hat. Sie ist nämlich ein eindrucksvoller großer Fisch, der in stehenden oder langsamfließenden Gewässern häufig vorkommt und im Schwarm lebt. Sie trägt keine Barteln.

Auch der Bitterling *(Rhodeus amarus)* ist ein merkwürdiger Fisch. Er lebt in Teichen, Sümpfen und in langsam fließenden Gewässern. Im Frühling schmückt sich das Männchen mit einem prächtigen Hochzeitskleid, das es nach der Befruchtung wieder ablegt. Der Bitterling sieht aus wie ein kleiner Karpfen, ist aber ungenießbar und nur als Köderfisch zu verwenden.

In Weihern, Sümpfen und träge dahinströmenden Flüssen mit Pflanzenwuchs schwimmt das Bitterlingweibchen in Grundnähe und läßt ihre Legeröhre, die sich am Bauch vor der Afterflosse befindet, heraushängen, sie ist voller Eier und aufgequollen.

Die großen Süßwassermuscheln, Malermuschel *(Unio pictorum)* und Teichmuschel *Anodonta cygnea)*, verursachen mit ihren Kiemenblättern einen Wassersog, der die Legeröhre des Fisches beim Vorbegleiten in das Innere der Muscheln einsaugt.

Die Eier werden abgelaicht, und das Männchen, das dicht neben dem Weibchen schwimmt, gibt seinen Samen dazu. Auch dieser wird von der Muschel eingesaugt. Die befruchteten Eier haften so fest, daß sie sich im Schutz der harten Muschelschale gut entwikkeln können.

Aus den Eiern schlüpft die Fischbrut; sie heftet sich zwischen den Kiemenblättern ihres „Gastgebers" fest und ernährt sich von seinem Blut. Nach einem Monat verlassen die kleinen Bitterlinge – nun 2 cm groß – die Muschel. Welche Überraschungen die Natur bereithält! Die Larven der Malermuschel können sich nämlich ebenfalls nicht entwickeln, bevor sie nicht von einem Fisch verschluckt werden und sich in seine Kiemen eingekapselt haben. Der Bitterling als Gastgeber leidet aber nicht darunter, daß sein „Mieter" in seinen Kiemen heranwächst. Schließlich stößt sich das Tier ab und sinkt auf den Grund, um dort noch 3 Jahre zu verbringen, bevor es ausgewachsen ist. Die Larve der Teichmuschel hingegen haftet sich an die Haut des Fisches.

Wir basteln einen Webstuhl

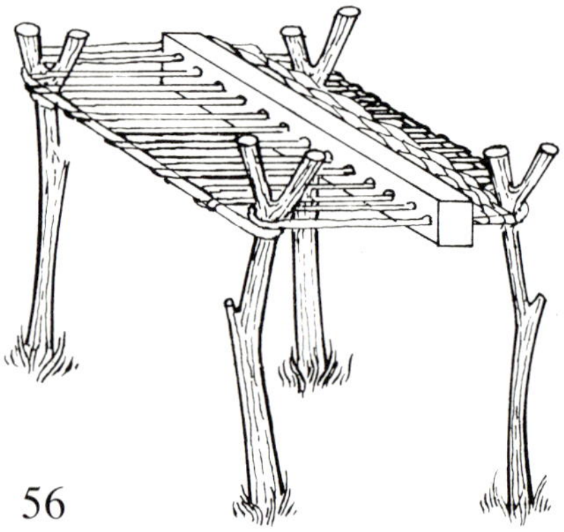

Wer Binsen, Schilf und getrocknete Pflanzen verweben will, kann einen „marokkanischen Webstuhl" bauen. Man benötigt 4 kräftige Äste mit Astgabeln, die in den Boden gerammt werden müssen, und ein Vierkantholz mit Löchern in regelmäßigen Abständen. Die Fäden, am besten aus Hanf, müssen durch die Löcher des Webkammes (Vierkantholz) hindurchgezogen werden, bevor man sie an der dicken Kordel befestigt, die unsere 4 Astgabeln verbindet. Man zieht dann abwechselnd Binsen und Schilf über und unter den Kettfäden hindurch und drückt ab und zu mit dem Kantholz das Geflecht fest.

Auf diese Weise lassen sich zünftige Telleruntersätze (Sets) herstellen oder eine Stellwand (Paravant) bespannen, auf die man Fotos und Zeichnungen von Vögeln und Muscheln als Schmuck anheftet.

Beginnt mit eurem Werk, indem ihr einen Vorrat an Binsen und Schilf sammelt.

Damit ihr keinen Ärger bekommt, stellt euch mit den Bauern gut und bittet sie vorher um Zustimmung.

Land der Sonne:

die Camargue

Wir sind im Land der heißen Mittelmeer-Sonne. Es ist ein ungewöhnlicher Fleck Erde, der ganz im Zeichen des Wassers steht, das ihn geformt hat. Es liegt wie ein Dreieck zwischen zwei Rhône-Armen eingeklemmt und ist aus Erdanschwemmungen im Flußdelta entstanden. Große Gebiete sind von blauen Seen bedeckt: Das ist die Camargue. Sie besteht aus 75 000 Hektar Land, von denen 30 000 landwirtschaftlich genutzt werden (Wein- und Reisanbau). 20 000 Hektar nehmen Weiher und Sümpfe ein, 25 000 Hektar sind salziges Land und dienen als Stierweiden.

Beiderseits des Deltas erstrecken sich landschaftlich vergleichbare Gebiete: im Westen die Kleine Camargue und im Osten die Ebenen von Bourg.

Werfen wir einmal einen Blick auf die Landkarte. Die Grenze folgt im Westen der Linie Grau-du-Roi, Aigues-Mortes, Saint-Gilles-du-Gard; das Städtchen Fos-sur-Mer bezeichnet den östlichsten Begrenzungspunkt der Camargue.

Sieht man die Industrieanlagen von Fos und die gewaltige Zersiedlung und Verstädterung überall im Languedoc und an der Côte d'Azur, so versteht man gut, daß die Camargue eine besonders schutzbedürftige Landschaft ist. Alle, die in diesem Gebiet leben, die berittenen Hirten, die Besitzer von Stier- und Pferdeherden, die Naturfreunde, die Wildhüter, aber auch die Kriechtiere und Wasservögel, die weißen Pferde und die halbwilden Stiere, fordern von den Touristen und Feriengästen, die zwischen Juni und Oktober diesen Landstrich besuchen, zu Recht ein Höchstmaß an Rücksicht und Schonung.

Eine Gruppe rosa Flamingos (Phoenicopterus ruber) *stelzt durch schlammiges Gewässer. Der rosa Schnabel mit der dunkelgrauen Spitze, der von der Mitte an scharf abgebogen ist, wirkt wie ein Sieb: Er filtert die Nahrung, kleine Algen, Bakterien und Insektenlarven, aus dem Schlick heraus.*

Quellerbüschel (Salicornia europaea) *wachsen auf dem von der Sonne ausgedorrten, salzigen, silbergrauen Schlick.*

Ein einzigartiges Naturschutzgebiet

Es ist bekannt, daß die Camargue ein riesiges Vogelparadies ist. Die Vögel sind jedoch nur ein Teil der Fauna. Die Tierwelt, die Pflanzen und die Landschaft bilden zusammen eine Einheit, die geschlossen erhalten werden muß.

1928 erhielt die französische Gesellschaft für Naturschutz (SNPN) die Verfügungsgewalt über die Teichgebiete von der dort ansässigen Salzgewinnungsgesellschaft. 1970 erklärte der Staat das ganze Rhône-Delta zum „regionalen Naturschutzgebiet der Camargue". Zur Zeit verwaltet die SNPN eine Fläche von mehr als 10000 Hektar; der große Etang (Teich) de Vaccarès nimmt davon allein schon 6–7000 Hektar ein. Das Gebiet besteht damit fast nur aus Wasserflächen. Naturkundler untersuchen dort die verschiedenen Lebensräume: Die großen, fauligen, salzigen Schlickfelder etwa, an deren Rändern es von wirbellosen Tieren (z.B. Insekten) wimmelt, die die Hauptnahrung der Flamingos und der Entenvögel bilden.

In den Schutzgebieten der Camargue gelten strenge Vorschriften; Touristen haben in der Regel keinen Zutritt. Trotzdem könnt ihr von den Straßen aus, die um die Reservate führen, genügend mit einem Fernglas beobachten.

Genießt den Anblick von zwei Seltenheiten, die in den Reservaten erfolgreich geschützt werden: die treibenden Inseln und die rosa Flamingos.

Die kleinen weißen Camargue-Pferde (1,15–1,50 m) weiden oft in der Wildnis. Man erkennt sie an ihrem kurzen Hals und dem breitstirnigen Kopf; die muskulösen Beine haben breite, harte Hufe, die nicht beschlagen werden müssen. Wenn sie davonjagen, flattert ihre struppige Silbermähne im Wind.

Eine eigentümliche Pflanzenwelt

Die „Rièges", die treibenden Inseln, ähneln aneinandergereihten Flößen und trennen im Süden den Vaccarès von anderen Teichen. Auf diesen Inseln leben die letzten Wildschweine der Camargue. Aber vor allem sind es der Pflanzenreichtum und die eigenartigen alten Dünen, die ihren Zauber ausmachen.

Sträucher und Schlingpflanzen mit immergrünen Blättern bilden dichte Wäldchen. Wir sehen dort auch sehr hohe Rosmarinsträucher *(Rosmarinus)*, rosa Tamarisken *(Tamarix gallica)* und dazwischen Mastixbäume *(Pistacia lentiscus)*, die zur Familie der Pistazien gehören.

Diese Sträucher, die überall auf dem steinigen Boden um das Mittelmeer dahinkümmern, gedeihen hier vortrefflich und erreichen ein stattliches Ausmaß. Das gilt vor allem für den phönizischen Wacholder *(Juniperus)*, der auf den treibenden Inseln zum Riesen (bis zu 6 m) wird und ein beachtliches Alter erreicht.

Abgesehen von den „Inseln" entwickelt sich die Vegetation in den verschiedenen Gegenden der Camargue je nach den örtlichen Lebensbedingungen. Es ist sehr schwer, die brackigen Zonen von den reinen Süßwasserzonen zu unterscheiden; das Röhricht gibt hierfür gewisse Hinweise. Die alten Rhône-Dämme, die das Delta zerteilen, sind bewaldet: Zwischen Ulmen, Weiden, Erlen und Eschen fallen die großen Silberpappeln besonders ins Auge; dichtes Unterholz und Schlingpflanzen *(Clematis)* umgeben sie.

Flügelschlag über der Camargue

Die Kuhreiher (Ardeola ibis) *lieben feuchte Wiesen und leben dort zwischen weidenden Rindern; sie ernähren sich von Insekten, die das Vieh umschwirren.*

Der Purpurreiher (Ardea purpurea) *hat ein grau-rotes Gefieder. Er nistet im Röhricht; sein Reich erstreckt sich bis zum Norden der Camargue. In Deutschland ist er ein seltener Gast am oberschwäbischen Federsee und am Chiemsee.*

Der zu den Schopfreihern gehörende Rallenreiher (Ardeola ralloides) *ist untersetzt; er besitzt weiße Schwingen, einen rötlich braunen Rücken und grüne Beine. Er siedelt nur im Süden der Camargue und im Donau-Delta.*

Der Seidenreiher (Egretta garzetta) *ist schlank und weiß; Kopf und Schnabel sind schwarz. Als Zugvogel legt er weite Strecken zwischen seinen Nistplätzen (Südspanien, Camargue, Donau-Delta) und dem Süden der Sahara zurück, wo er überwintert.*

HERBST

Die Jahreszeiten ziehen vorbei. Es wird September, Oktober ... Nebel steigen aus den Weihern. Manchmal kommt Wind auf, und die Pappeln rauschen wie Kiesel, die in der Brandung hin- und herrollen; dann ebbt der Wind ab, die Blätter säuseln nur noch leise, einzelne fallen sanft zu Boden und häufen sich dort allmählich an.

Die Sonne bricht durch den Herbstnebel, ein Teichhuhn *(Gallinula chloropus)* schreit in einem Sumpfgraben, Vogelgesang verbreitet sich über den Buchten, wo inzwischen die Körner des Sumpfampfers *(Rumex palustris)* und des Wasserknöterichs *(Polygonum amphibium)* gereift sind. Die Vögel rüsten sich zum Abflug in den Süden.

Die Luft kühlt rasch ab, der Tag geht zu Ende. Der Ruf eines Steinkauzes *(Athene noctua)* ertönt aus der Höhlung einer gestutzten Weide. Die nächtliche Stille wird bisweilen gestört: Ermüdete Vögel lassen sich nach langer Reise zitternd auf den Wasserflächen nieder. Der Herbst ist die Zeit der Zugvögel und der Jäger: Aufgeschreckte Enten flüchten von einem Weiher zum anderen.

Was können wir in dieser Jahreszeit noch sehen? Vor allem Entenvögel ... Manche Enten leben das ganze Jahr über bei uns, andere nur zu bestimmten Zeiten, einige machen nur kurz Zwischenstation bei uns. Viele bauen aber auch in unseren Sümpfen Nester und überwintern hier.

Ihre Zuglinien führen an der Ost- und Nordseeküste entlang, die sich mit ihren Wattgebieten, Inseln, Buchten und Flußmündungen geradezu anbietet, und längs der großen Ströme, wie dem Rhein, nach Süden. Diese Vogelzuglinien sind so zahlreich und verästelt, daß sie einem dichten Adernetz gleichen. Die Vögel ziehen nicht immer in gerader Linie, sondern folgen Flüssen und Kanälen; sie fliegen von Weiher zu Weiher, von einem Tal zum nächsten.

Die meisten dieser Wanderwege führen nach längerer oder kürzerer Reise zur Atlantikküste. Die Enten ziehen im allgemeinen von Nordosten nach Südwesten. Schon die Austrocknung eines kleinen Gebietes kann aber zur Verlagerung des Flugweges führen.

Zu Herbstbeginn gilt unsere Aufmerksamkeit sicher mehr den Davonziehenden: der Uferschwalbe *(Riparia riparia)* und der Trauerseeschwalbe *(Chlidonias niger)*, die beide noch über das Wasser segeln. Letztere hat fast die Größe einer Amsel *(Turdus merula)* und nistet in Sümpfen, an Torfmooren und Teichufern, dort, wo abgestorbene Pflanzen und geschnittenes Schilf sich anhäufen. Auf diesen Pflanzenhaufen oder auf Schlamminseln bauen die Trauerseeschwalben Ende Mai in Kolonien ihre Nester, oft in Nachbarschaft der Lachmöwen *(Larus ridibundus)*. Ihr Herbstgefieder ist weiß

Herbststimmung an Sumpf und Teich.

Lachmöwen (Larus ridibundus).

bis auf den Schwanz und die Flanken; diese bleiben grau; der Kopf trägt ein schwarzes Käppchen. Ihre langen, schmalen Flügel und der gegabelte Schwalbenschwanz sind ein hübscher Anblick.

Auch die Fische werden vom Wandertrieb erfaßt. So läßt sich z. B. die Abreise der Aale ziemlich genau vorhersagen.

Vergessen wir auch die Daheimgebliebenen nicht, etwa die überwinternden Nattern und ihre Feinde: die bei Tag jagenden Greifvögel, die in der Nähe der Gewässer leben!

Kümmert euch auch weiter um euer Aquarium. Sorgt für die winzig kleinen Krebstiere, die euren Pensionsgästen als Nahrung dienen. Erschreckt nicht, wenn ihr Blutegel entdeckt, die sich an den Schlammschnecken *(Lymnaea stagnalis)* oder an den Posthornschnecken *(Planorbarius corneus)* festgesaugt haben.

Eine Herde Gänse wird von einem Entenschwarm überflogen.

Ihr werdet sicher auch eine Fischerspinne, eine *Dolomedes*, sehen, die sich mit ihren Hinterbeinen an Uferpflanzen über dem Wasser festhält. Mit ihren empfindlichen Tasthärchen nimmt sie alle Erschütterungen wahr, die ein vorüberziehendes Tier verursacht. Sie taucht dann blitzschnell herab, ergreift ihr Opfer mit ihren Zangen (Cheliceren) und klettert wieder nach oben. Die Welt der Spinnen ist voller Rätsel; vor allem die der Wasserspinne *(Argyroneta aquatica)*, die in einer Luftglocke unter Wasser lebt.

Es gibt noch viele schöne Tage im Herbst; aber es kommt auch öfter vor, daß alles grau in grau ist und feiner Nieselregen niedergeht. Dann nehmt ein Boot und fahrt durch die romantische Natur, oder laßt euch von den Einheimischen alte Geschichten über das Moor und den Sumpf erzählen: Jedes Gebiet hat seine eigenen Überlieferungen, Märchen und Sagen.

Männliche und weibliche Stockenten (Anas platyrhynchos) *plätschern auf dem Wasser.*

ZUGVÖGEL UND WETTERDIENST

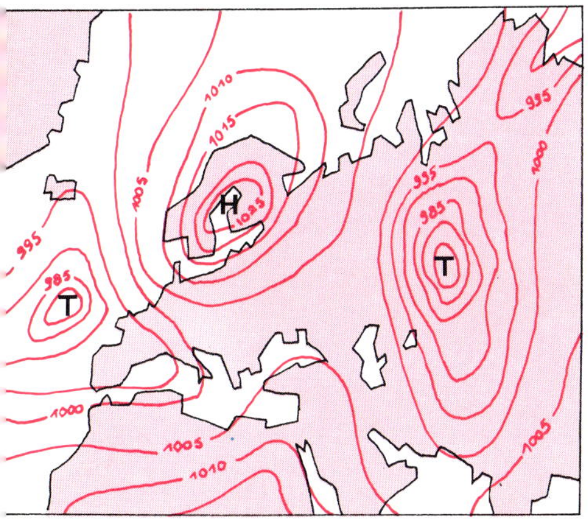

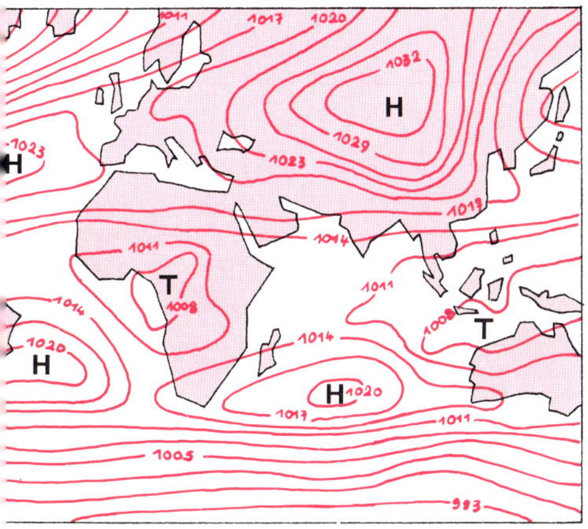

Von Oktober an solltet ihr auf Wind und Wetter achten. Auch ist es hilfreich, wenn ihr die Wetterkarte für eure Gegend lesen könnt. Laubfall, ansteigender Barometerstand oder sinkende Temperaturen sind wichtige Anzeichen für eure Beobachtungen. Günstige Wetterperioden künden sich an, wenn Hochdruckzonen über Sibirien oder Skandinavien liegen; sie werden Antizyklone genannt und bringen meist Kälte und Frost. Nordöstliche Winde tragen die Zugvögel nach Süden. Aber ganz so einfach ist es auch wieder nicht. Vogelzüge finden auch zu wärmeren Zeiten bei widrigen Winden statt, wenn ganz Skandinavien vor Kälte zittert. Ein Antizyklon von den Azoren hat sich dann über Westeuropa gelegt und bringt Frost und Wind herbei, sogar von Osten. Er trifft die zurückbleibenden Vögel härter als die wegziehenden, die bei Tiefdruck und Regenwetter eine mildere Witterung genießen können.

Es gibt beim Vogelzug zahlreiche Verhaltensweisen der verschiedenen Wasservogelarten. Manche ziehen immer zum selben Zeitpunkt weg; andere fürchten Frost und Schnee und richten sich deswegen nach dem Laubfall; einige aber machen sich erst in allerletzter Minute vor dem strengen Frost davon. Alle ziehen bei Tag und Nacht. Für die Nachtwanderungen warten manche den Vollmond, andere die sternklaren Nächte ab – denn die Vögel richten sich außer nach Sonne und Mond auch nach den Sternen. Es lohnt sich daher nicht, bei nebeligem Wetter auf ihre Abreise zu warten. Trotzdem sind auch Nebeltage ereignisreich, denn Nebelwetter hält rastende Vögel (Durchzügler) vorübergehend an einer Stelle fest, so daß man sie sehr deutlich beobachten kann.

Der November ist für Beobachtungen der Wanderzüge am besten geeignet. Lange Vollmondperioden führen zum Nachlassen des Wanderdrangs, vor allem, wenn sich das Wetter bessert. An den Vollmondtagen im Oktober, November und Dezember gibt es draußen also viel zu sehen. Später wird man kaum noch Wanderzüge beobachten können. Sogar die Graugänse *(Anser anser)*, die sonst zur Herbstzeit Mitteleuropa überqueren, um nach Spanien in das riesige Mündungsdelta des Guadalquivir zu gelangen, werden nicht mehr in ihrer auffallenden keilförmigen Flugformation über uns hinwegziehen. Nur wenn spät im Jahr besonders strenge Kälte einsetzt, brechen noch einige wenige Vögel in wärmere Gebiete auf. Dazu nutzen sie eine Tauwetterperiode.

Liebenswerte Schnatterer

Vielleicht habt ihr das Glück, die Schnatterente *(Anas strepera)* zu sehen. Sie ist sehr mißtrauisch. Man bekommt von ihr meist nur kleine Trupps zu Gesicht. Allein trefft ihr sie nie an, höchstens als Pärchen oder inmitten eines Schwarmes von Stockenten. Die Schnatterenten sind zwar kleiner, zeigen jedoch mit den Stockenten einige Gemeinsamkeiten. Beide Entenweibchen tragen das übliche schlichte Tarnkleid, auch ihr Nestbau und Balzverhalten sind sehr ähnlich. Die Schreie der Schnatterente ertönen in schnellerer Abfolge und erinnern an ein Gebelfer.

Das am Kopf grauweiße, über den Rücken zum Schwanz hin braungrüne Prachtkleid des Männchens wirkt zart und gedämpft; es erreicht die knallbunte Färbung des Stockentenerpels nicht. Im Gebiet von Rhein und Rhône sieht man häufiger die Schnatterenten; sie nisten im Osten Frankreichs: in den Dombes (zwischen den Flüssen Ain und Rhône) und in der Camargue.

Durch den Nebelschleier, der über den Rohrkolben liegt, erkennt man die Spießente *(Anas acuta)* an ihrem langen Hals. Das Kennzeichen des Männchens sind die spießartig verlängerten Schwanzfedern. Flanken und Bauch sind grau; eine feine weiße Linie führt seitlich vom Hals zum braunen Hinterkopf; der Schnabel ist bläulich. Dieser ängstliche Vogel flieht beim geringsten Lärm. Er nistet in den gemäßigten Gegenden Europas und zieht im Winter südwärts; seine Flugstrecken sind kurz, und er nimmt immer denselben Weg.

Welcher Vogel gibt dieses melodische, traurig-süße Pfeifen von sich? Das ist die Pfeifente *(Anas penelope)* mit dem watschelnden Gang. Der Erpel hat einen rostroten Kopf mit hellerem Scheitel. Man hört sein Pfeifen auf dem Wasser und in der Luft.

Diese Ente bevorzugt die Meeresküste und liebt es, auf engem Raum dicht zusammengedrängt zu überwintern. Genauso gern hält sie sich zusammen mit den schwarzen Bläßhühnern auf den Teichen der Sümpfe oder weidet auf feuchten Wiesen.

Der Blitzstart der Krickente *(Anas crecca)* ist immer wieder eindrucksvoll: In Sekundenschnelle hat sie sich vom Wasser abgehoben und fliegt hoch über dem Sumpf davon. Lebhaft, aber scheu, ist sie die kleinste Ente Europas, die auch in Deutschland nistet.

Das Männchen pfeift einen kurzen Ton, der leicht nachzuahmen ist. Es kommt dann näher, und wir können das kostbare Gefieder, den Rotton des Kopfes und das grüne Kommazeichen über dem Auge bewundern.

Der Wanderzug aus dem Norden erstreckt sich über den ganzen Herbst, aber man trifft die Krickente auch schon im August in Südfrankreich, wo sie im Gegensatz zur Knäkente *(Anas querquedula)* auch nistet.

Es ist ein unvergeßliches Schauspiel, wenn man von einem Krickentenschwarm mit pfeifendem Flügelschlag überflogen wird. Ihr könnt die beiden Arten besonders gut unterscheiden, sobald sie ihr Prachtkleid haben: Die kleinere Krickente hat einen grünen Spiegel und grüne Streifen beiderseits des Kopfes, die Knäkente besitzt weiße Kopfstreifen, und die Flügel sind leicht bläulich getönt.

Immer diese Stockenten

Eine Stockentenmutter schart schützend ihre Küken um sich.

Die Stockente *(Anas platyrhynchos)* ist hierzulande bei weitem die bekannteste Entenart. Nur das Männchen ist prachtvoll gefärbt und besitzt einen herrlich smaragdgrünen Kopf. Das unscheinbare Weibchen ist bräunlich und trägt feine Zeichnungen im Gefieder. Es gibt mehrere Stockententypen, vor allem in Holland und in Skandinavien. Die Abweichungen beziehen sich auf Größe, Farbzusammenstellung und Verhalten.

Die Stockente paart sich leicht mit anderen Arten. Manchmal sieht man weiße Enten inmitten eines Stockentenschwarms; solche Albinos kommen häufiger vor.

Alle Enten mausern zweimal im Jahr und tragen von Juni bis Anfang Oktober eine unauffällige braune Tracht. Das Gefieder des Weibchens bleibt immer unscheinbar. Der Erpel besitzt erst ab dem 2. Lebensjahr sein vollständiges Prachtkleid, das er gewöhnlich im Herbst anlegt.

Zur Zeit der Mauser werden alle Wildenten sehr furchtsam und ziehen sich tief ins Schilf zurück, besonders die Männchen, deren Flugfedern auf einmal ausfallen.

Im Herbst bilden sich Paare. Die Enten feiern ihre Verlobung mit Wasserspielen; die Männchen paradieren stolz einher, und die Weibchen flattern eifrig und gefügig. Es entsteht eine starke Bindung zwischen beiden, und sie fliegen jetzt gemeinsam.

Sie nisten in ganz Europa, mit Vorliebe in feuchten Gebieten, und sind sehr anspruchslos und anpassungsfähig an ihre Umwelt. Von ihnen stammen auch unsere Hausenten ab.

Einige sind seßhaft, andere große Wanderer; weit umherschweifend, fügen sie sich den Launen des Wetters. Sie bevorzugen kleine geschützte Weiher mit großen Pflanzengürteln. Im stehenden Gewässer finden sie ihre Nahrung, die sich aus Körnern, Wurzeln und zarten jungen Schößlingen zusammensetzt.

Ganz nach Lust weiden sie mal hier, mal dort, bis hin zu den Äkkern.

Im Schutze der Ufervegetation, im Röhricht, gelegentlich auch in überschwemmten Wäldern baut das Weibchen vom Februar an sein Nest, das es mit Daunen auspolstert. Wenn der Weiher nicht genügend Schutz bietet, dann weicht es aufs Land aus, um dort eine geeignete Hecke oder ein Dickicht zu suchen. Die Stockentenweibchen leben in ständiger Angst um ihre Küken, die von Rabenvögeln und Ratten als Beute geschätzt werden. Droht ihren Küken Gefahr, dann zögern die Entenmütter nicht, eine Verletzung vorzutäuschen, indem sie die Flügel hängen lassen; sie lenken so die Aufmerksamkeit auf sich, bis ihre Jungen sich in Sicherheit gebracht haben.

Stets munter: Die Enten im Winter

In den Frostperioden halten sich viele Enten ständig in Bewegung, Sie kreisen über uns; es scheint so, als ob sie fortziehen wollten. Doch dann rauschen sie wieder heran und bremsen, indem sie ihre Flügel gegen den Wind stellen. Nach der Landung verharren sie zunächst unbeweglich mit hochgerecktem Kopf über dem Wasser. Bewegt euch nicht! Beim geringsten Geräusch oder einem verdächtigen Zucken fliegen sie erneut auf und davon. Wartet ab, bis sie trinken, dann könnt ihr sie in Ruhe beobachten.

Nehmt euer Fernglas heraus und haltet nach den weiter entfernten Enten Ausschau. Ihr könnt zumindest unterscheiden, ob es Schwimm- oder Tauchenten sind. Erstere tauchen mit dem Vorderkörper unter Wasser, halten „das Schwänzchen in die Höh" und weiden in dieser Stellung die Pflanzen ab: sie gründeln. Ohne Anlauf können sie sofort steil vom Wasser zum Flug abheben, denn sie sind weniger gedrungen gebaut als die Tauchenten. Beim Schwimmen ist der Körper der Tauchenten halb und der Schwanz oft völlig ins Wasser eingetaucht, da die Tiere ein größeres Gewicht haben. Um abheben zu können, müssen sie erst eine kurze Strecke flügelschlagend über die Wasseroberfläche laufen; das erfordert viel Kraft.

Den ganzen Winter hindurch, von November bis März, können wir das muntere Treiben der Enten auf unseren Gewässern beobachten: Es wird uns dabei nie langweilig werden.

Gefährliche Körner

Die Schrotkugeln der Jäger liegen manchmal so zahlreich auf dem Grund der Teiche, daß die Enten sie für schmackhafte Körner halten. Sie fressen sie und können dadurch eine Bleivergiftung erleiden, die tödlich für sie sein kann. Viel schlimmer sind jedoch die heimtückischen Verschmutzungen unserer Gewässer durch chemische Giftstoffe und Abwässer, die in gelöster Form die Fauna und Flora der Feuchtgebiete bedrohen.

Die Winterschläfer der Feuchtgebiete

Die Ringelnatter *(Natrix natrix)* erwacht nicht vor April aus ihrem Winterschlaf. Häufig hält sie sich an feuchten Stellen oder sogar im Wasser auf. Sie ist ovipar und legt im Juli 10–30 Eier, die sie zwischen verwesenden Pflanzen oder auch in einem Misthaufen 15–20 cm tief vergräbt. Etwa 80 Tage nach der Eiablage schlüpfen die Jungen. Im September sind sie 15–18 cm lang und ernähren sich insbesondere von Insekten. Bei Gefahr versuchen sie den Feind einzuschüchtern, indem sie ihn anzischen, die gespaltene Zunge zeigen und den Kopf aufblasen. Nutzt diese Täuschung nichts, so entleeren sie ihre Stinkdrüsen oder erbrechen die kurz zuvor aufgenommene Nahrung.

Die Vipernatter *(Natrix maura)* ist kleiner (50–60 cm; in Südeuropa 80 cm), lebt mehr im Wasser und ernährt sich von Froschlurchen und Fischen, denen sie auf dem Grund der Teiche und Rinnsale auflauert. Sie heißt Vipernatter, weil sie durch ihr Zick-Zack-Band auf dem Rücken sehr den Vipern (Ottern) ähnelt. Auch sie vergrößert bei Gefahr ihren Kopf und wird so der Viper noch ähnlicher. Es ist schwer, die ungiftigen Nattern von den giftigen Ottern zu unterscheiden, weil der ovale Kopf der einen dem dreieckigen Kopf der anderen insgesamt so ähnlich ist, daß dieses Unterscheidungsmerkmal nicht sehr zuverlässig ist. Besser eignet sich ein Vergleich der Pupillen: Die der Nattern sind rund, die der Ottern länglich.

Die Vipernatter legt ihre Eier (5–20) in Erdvertiefungen in Wassernähe. Sie frißt seltener Vogeleier (etwa die des Teichhuhns) als die Ringelnatter. Aber wenn dieser Vielfraß ein Eigelege im Schilf oder an der Uferböschung entdeckt, wird er sich schon daran gütlich tun.

Könnt ihr euch vorstellen, wie die Ringelnatter ein Ei frißt? Sie schlingt es ganz hinunter und zerbricht es erst im Körperinneren, indem sie die Körpermuskeln zusammenzieht. Dann speit sie die unverdaulichen Eierschalen wieder aus.

Die Kreuzotter *(Vipera berus)* ist die einzige Schlange, die einigermaßen der Kälte widerstehen kann. Sie kommt in Waldzonen und feuchten Gebieten vor. In Europa findet man sie bis zum Polarkreis. Sie jagt bei Nacht die kleinen Nager, Eidechsen, Schnecken, manchmal auch Frösche. Im Herbst verlangsamt sie ihren Tatendrang, und im November gleitet sie in eine Felsspalte oder ein Erdloch und hält für 5–6 Monate Winterschlaf. Gegen die Kreuzottern könnt ihr euch schützen, indem ihr feste Schuhe tragt und verdächtige Gebüsche zuvor mit einem Stock abklopft. Am sichersten wäre natürlich, wenn man stets eine Ampulle mit Gegengift (Serum) in der Tasche hätte. Aber keine Angst, ihr werdet nicht alle Tage auf eine Kreuzotter stoßen.

Die Ringelnatter (Natrix natrix) *hat runde Pupillen und ist ungiftig. Sie ist ovipar; das heißt: sie legt Eier.*

Die Kreuzotter (Vipera berus) *hat längliche Pupillen und besitzt zwei Giftzähne. Sie ist ovovivipar; das heißt: die Jungen schlüpfen gleich nach der Ablage aus einer häutigen Hülle, sie haben sich voll im Mutterleib entwickelt.*

Eine Vipernatter (Natrix maura), *die gerade eine Rotfeder verschlingt.*

Aale

auf der Wanderschaft

Eines Abends, Ende Oktober, kommt uns die Luft schwüler vor – so als ob die Sommerhitze zurückkäme. Bei hereinbrechender Nacht erhebt sich ein heftiger Sturm, der erst gegen Morgen wieder abflaut. Jetzt hält es die Aale nicht mehr an ihrem Platz.

Die 12–15jährigen Aalweibchen sind nun für die Fortpflanzung reif; ihre Männchen können etwas jünger sein. Die Geschlechtsdrüsen haben sich entwickelt und füllen nun beinahe die ganze Leibeshöhle aus. Sie schieben dabei Darm und Magen beiseite: Jetzt nehmen die Eier oder die Samen den ganzen Raum ein. Die Augen haben sich vergrößert und stehen bald vor wie bei den Meeresfischen, die sich in den Tiefen des Ozeans aufhalten. Zugleich ändert sich auch ihre Farbe. Sie werden weißlich. Man sagt dann: „Der Aal versilbert.“ Die schlangenförmigen Tiere fressen nichts mehr; ein innerer Zwang treibt sie alle aus dem Schlamm. Eine fieberhafte Unrast hat sich verbreitet, jeder sucht einen Weg zum Meer. Manche verlassen die Sumpfgebiete über kleine Wasserrinnen, andere benutzen die zu den Flüssen führenden Kanäle; manchmal führt ihr Weg sogar über die feuchten Wiesen zum Gewässer. Wollt ihr dieses Treiben beobachten, so sucht euch einen Punkt zwischen Weiher und Fluß. Bald werdet ihr spüren, wie die Gräser durch die Bewegungen der Aale erzittern, die sich bei Dunkelheit auf die Wanderschaft gemacht haben.

Die Aale unserer Sumpfgebiete laichen viele tausend Kilometer entfernt in der Sargasso-See vor der amerikanischen Ostküste, wo es besonders viele treibende Algen gibt. Was geschieht danach? Niemand weiß es genau. Einen ausgewachsenen Aal hat man in diesen Laichgebieten niemals gefunden. Anscheinend sterben sie.

Aber man stößt dort auf ihre Brut, die *Leptocephalus*-Larven, die, wie der Name schon sagt (lepto = schmal und cephalus = Kopf), einen dünnen, schmalen Kopf und einen Körper haben, der an die Form eines Weidenblattes erinnert. Bei der Geburt sind sie etwa 7 mm lang; deutlich zeichnen sich 2 schwarze Augenpunkte ab. Die Riesenzahl der kleinen Larven nimmt nun die Wanderung zum europäischen Festland auf. 3 Jahre werden sie dazu brauchen, ohne die Hilfe eines Führers in Anspruch nehmen zu können, ohne irgendein Erinnerungszeichen zu besitzen. Die Sterblichkeit unter den kleinen Aalen während dieser langen Wanderzeit ist erheblich.

Nach 3 Jahren haben sie etwa eine Länge von 7 cm erreicht und nehmen immer mehr die wohlbekannte schlangenförmige Gestalt der Aale an. Jetzt erreichen sie die Küstengebiete und dringen in die Flußmündungen ein, von wo ihre Eltern einst die Wanderung in die Sargasso-See aufgenommen haben. Sie schwimmen die Flüsse hinauf und nehmen währenddessen eine dunklere Färbung an – oben dunkelgrün bis schwarz und am Bauch schmutzig gelb. Rasch wachsen sie jetzt heran. Die erwachsenen Männchen werden etwa 50 cm, die Weibchen 1–1,5 m lang. Die kleineren Aale, die in dichten Schwärmen vorüberziehen, gelten als Delikatesse. Die glücklich Entkommenen setzen ihre Reise flußaufwärts fort. Die Mehrzahl der Männchen bleibt in Küstennähe, die Weibchen aber ziehen weiter stromaufwärts. Von den großen Flüssen gelangen sie in die kleineren, folgen den Wassergräben und erreichen über die kleinsten Rinnsale schließlich ihren abgeschlossenen Weiher. Dort leben sie nun für die nächsten 10–15 Jahre im schlammigen oder klaren Gewässer. Nichts erinnert mehr an ihre Herkunft aus dem fernen Meer. Sie fressen alles, was sie hier finden: tote oder lebende Fische, Körner, Insekten, Larven, auch Abfall.

Und wieder wird in einer dunklen, stürmischen Nacht im Herbst jene Aale, die den Fangnetzen der Fischer entschlüpft sind, der Ruf des Meeres erreichen, und wie ihre Vorfahren werden auch sie die lange Reise in die Sargasso-See antreten.

Bald werden in dem viereckigen Fangnetz die Aale zappeln.

Fliegende Säugetiere

In den feuchten Gebieten wimmelt es von Insekten. Kein Wunder also, wenn wir in der Dämmerung immer wieder Fledermäuse über Gräben, Sümpfen und Weihern bei der Jagd antreffen.

Wir haben sie schon im Sommer beobachtet, aber jetzt, im Herbst, wollen wir mehr von ihnen wissen. In dieser Jahreszeit ereignet sich nämlich etwas sehr Wichtiges bei diesen feingliedrigen Tieren: Jetzt erfolgt die Paarung! Aber der Embryo entwickelt sich erst nach der Winterruhe, die die Fledermäuse in Höhlen, Ruinen und alten Gebäuden verbringen. So verstreichen die für die Aufzucht der Jungen ungünstigen Wintermonate. Wiederum haben wir es mit einer dieser erstaunlichen Anpassungen der Natur zu tun. Die Jungen werden meistens im Juni geboren. Verschiedene Fledermausarten leben und jagen im Moor; sie wohnen aber auf einzeln stehenden

Ein Leben in der Taucherglocke

Spinnen suchen unaufhörlich nach Beute. Hier in den Sümpfen findet man alle bekannten Spinnenarten, so auch die Kreuzspinne *(Araneus diadematus)*. Die Spinnen dienen ihrerseits den Rohrammern und anderen kleinen Vögeln des Rohrwaldes als Nahrung.

Eine andere Spinne verfolgt ihre Beute auch noch zwischen den Schwimmpflanzen. Sie kommt, wie die Dolomedes, mit ihren 8 behaarten Beinen an die Wasseroberfläche und erbeutet ins Wasser gefallene Insekten. Das löst bei den Taumelkäfern wiederum Panik aus, für den Menschen ist sie jedoch völlig ungefährlich. Diese Spinne, die als einzige unter Wasser taucht, schwimmt und jagt, ist die Wasserspinne *(Argyroneta aquatica)*. Man sieht sie nur selten. Sie ist sehr unscheinbar und lebt in klaren, wenig bewegten Gewässern, wo ein üppiger Pflanzenwuchs vorherrscht. Zieht einmal eine solche Wasserpflanze heraus und legt sie auf ein Tuch. Sofort versucht eine Unmenge kleiner Tierchen zu fliehen; darunter auch diese Spinnen, die ihr aber einfangt. Setzt ein paar davon in ein Glas Wasser. Die Wasserspinne erkennt ihr daran, daß sie nicht an der Oberfläche bleibt, sondern abtaucht und umherschwimmt.

Vorsicht, 2 Männchen zusammen oder 2 Weibchen zusammen vertragen sich nicht – sie sind Todfeinde. Es ist besser, nur eine Wasserspinne zu halten: Sie benötigt Ruhe, um ihr Haus zu errichten. Untergetaucht nimmt das Tier einen silbrigen Überzug an; das ist ein Luftfilm, der von den Härchen zurückgehalten wird und das Tier umhüllt. Das erklärt ihr erstes Geheimnis: den Farbenwechsel. Unter Wasser macht sich die Wasserspinne daran, ein waagerechtes, zwischen den Wasserpflanzen fest verspanntes, komplexes Netz zu weben. Von hier schwimmt sie einige Male zur Oberfläche und holt Luftbläschen, die sich nach und nach unter dem Dach ansammeln, bis schließlich eine Luftglocke entstanden ist. Dann kann die Spinne wochenlang atmen und fressen, ohne an die Oberfläche steigen zu müssen.

In der freien Natur errichtet das Weibchen zwischen Juni und August nahe der Oberfläche eine größere Glocke, die 2 Stockwerke aufweist (Durchmesser: 2 cm; Höhe: 2,5 cm). Sie legt 30–70 Eier in die obere Etage und lebt in der unteren. Von hier beobachtet sie ihr Gelege, das von der Sonne ausgebrütet wird. Nach dem Schlüpfen verlassen die kleinen Wasserspinnen diese Kammer und nehmen ihr eigenes Leben auf.

Die Rohrammer (Emberiza schoeniclus) *füttert ihre Jungen gern mit Kreuzspinnen.*

Die Wasserspinne (Argyroneta aquatica) *wird nicht sehr groß: das Weibchen 1 cm, das Männchen 1,5 cm. Ihre Farbe ist meistens graubraun; ihr Biß kann sehr schmerzhaft sein.*

Bäumen oder in nahegelegenen Wäldern. Einige gehören zur Gattung der Mausohren *(Myotis)*; sie leben dicht am Wasser und flattern auf Nahrungssuche dicht über der glatten Oberfläche. Tagsüber halten sie sich zusammen mit anderen Artgenossen in Bäumen und Höhlen versteckt. Diese kleinen Säuger (5 cm lang) jagen bei Sonnenuntergang für 1–2 Stunden, dann schlafen sie kopfüber, an den Hinterfüßen aufgehängt, in Baumhöhlen bis zum Sonnenaufgang, um dann erneut für einige Zeit auf Jagd zu gehen.

Wir machen Musik...

Mit Sumpfgewächsen können wir uns eigene Musikinstrumente basteln.

So baut man eine **Rohrflöte:** Schneidet einen Holunderzweig *(Sambucus nigra)* von 15–20 cm Länge ab; sein Durchmesser sollte 15 mm betragen. 4 cm von dem einen Ende entfernt, schneidet ihr eine schräge Kerbe ein. Das Mark im Stengelinneren läßt sich am besten mit einem Bleistift hinausstoßen. Dann verschließt beide Enden mit einem dünnen Zigarettenpapier, das ihr mit einem Gummi befestigt.

BLUTEGEL *oder* PLATTWURM?

Im stehenden Gewässer habt ihr auf irgendeiner Unterlage (Holz, Stein) einen platten Wurm entdeckt. Was kann das sein? Ein Blutegel oder ein Plattwurm? Die Blutegel haben einen schlechten Ruf als Blutsauger. Aber wußtet ihr, daß einer von ihnen häufig in der Medizin als Schröpfmittel (zur Blutabnahme) verwendet wird und daß man ihn deswegen in Apotheken züchtet? Dieser medizinische Blutegel *(Hirudo medicinalis)* mit roten und braunen Längsbinden auf dem Rücken kann eine Menge Blut in seine verzweigten Verdauungsgänge einsaugen und sein Körpergewicht dadurch verdoppeln.

Die Blutegel gehören zu den Gliederwürmern *(Anneliden)* und haben keine Borsten. Sie sind nackt und schleimig und haben 2 Saugnäpfe, einen an jedem Körperende. Der Kopf des medizinischen Blutegels am vorderen Saugnapf hat 10 Augen und 3 zahnbewehrte Kiefer, die im Dreieck angeordnet sind. Der Darmausgang liegt auf dem Rücken in der Nähe des hinteren Saugnapfes.

Die Egel sind in stehenden Gewässern sehr zahlreich; allerdings finden wir dort meist nicht den „medizinischen", sondern den Pferdeegel.

Das ganze Jahr über – mit Ausnahme des Winters – findet man Blutegelarten von unterschiedlicher Größe. Manche sind einige Millimeter dick und nur wenige Zentimeter lang. Sie sind den Plattwürmern ähnlich. Es macht Spaß, sie zu bestimmen. Betrachtet mit der Lupe gut ihre Farben, die Gestalt der Saugnäpfe und die Anordnung der Augenpaare. Um den Kopf zu finden, sucht die Augen! Dann beobachtet auch die Art ihrer Fortbewegung im Aquarium: Der Blutegel bewegt sich auf seiner Unterlage mit Hilfe der beiden Saugnäpfe. Er kommt voran, indem er ähnliche Bewegungen macht wie die Spannerraupen einiger Schmetterlinge.

Die Plattwürmer *(Plathelminthes)* sind ebenso häufig im Süßwasser anzutreffen. Sie fressen hauptsächlich kleines Getier und Larven. Diese weichen Würmer mit dem schleimigen Überzug sind im Gegensatz zu den Blutegeln nicht gegliedert. Gewöhnlich sieht man sie auf ihrer Unterlage kriechen, der sie sich eng anschmiegen. Um Plattwürmer einordnen zu können, muß man auf die Farben des Tieres und die Bewegungen des Kopfes achten.

Die Plattwürmer und Blutegel lassen je nach ihrer Körperfärbung den reich verzweigten Darm mehr oder minder deutlich durchscheinen. Beide sind Zwitter (Männchen und Weibchen sind gleich); es gibt bei Ihnen eine doppelte Befruchtung wie bei den Schnecken. Manche Egelarten tragen ihre Larven mit sich. Im Sommer und auch im Herbst findet ihr häufig an Pflanzen und Steinen die Eiablage des Hundeegels *(Erpobdella octoculata)*. Die Eier sind in einem kleinen Gehäuse in Form einer dunkelbraunen Nußschale eingeschlossen, das fest an seinem Untergrund angeheftet ist.

Plattwürmer und Blutegel können etliche Tage hungern, wenn es sein muß sogar Monate.

Im Winter ringeln sich die Egel kreisförmig ein: Saugnapf an Saugnapf. Dann verkriechen sie sich im Schlamm und kommen erst wieder hervor, wenn das Wetter wärmer wird.

Die Plattwürmer sind bekannt für ihre Erneuerungsfähigkeit (Regeneration). Das läßt sich im Aquarium leicht beobachten, vorausgesetzt, ihr haltet die Tiere getrennt. Man schneidet die Plattwürmer mit einer Rasierklinge auseinander; die zwei Teile bilden in einigen Wochen oder Monaten wieder zwei vollständige, jedoch kleinere Plattwürmer, die entweder Kopf oder Schwanz erneuert haben.

Blutegel im Aquarium.

Und jetzt zur **Panflöte.** Dazu benötigt ihr mindestens 10 Rohre von unterschiedlichem Durchmesser. Verkürzt jedes Rohr, bis es den gewünschten Ton hervorbringt, aber seht zu, daß ihr am Ende eines jeden Rohres eine knotige Verdikkung belaßt. Die kurzen Rohre mit kleinem Durchmesser erzeugen helle, spitze Töne, die dickeren und längeren Rohre bringen tiefe Töne hervor. Blast die Rohre nacheinander und schneidet sie so zurecht, bis ihr die Tonleiter spielen könnt. Dann müssen die Rohre in der Reihenfolge der Tonleiter, die gleichzeitig die Reihenfolge ihrer Größe ist, angeordnet werden; ein gespaltenes Rohr wird quer über sie geschoben; ihr könnt nach Belieben sogar die Zahl der Röhren verdoppeln, allerdings gehören gleich lange und gleich dicke zusammen! Abschließend bindet ihr die einzelnen Röhren mit einer dicken Schnur aneinander fest und beendet euer Werk mit einem kunstvollen Knoten.

Um flöten zu können, müßt ihr die Panflöte senkrecht an die Unterlippe führen und die Oberlippe wie zum Pfeifen vorschieben.

Ein Wassertropfen voller Leben

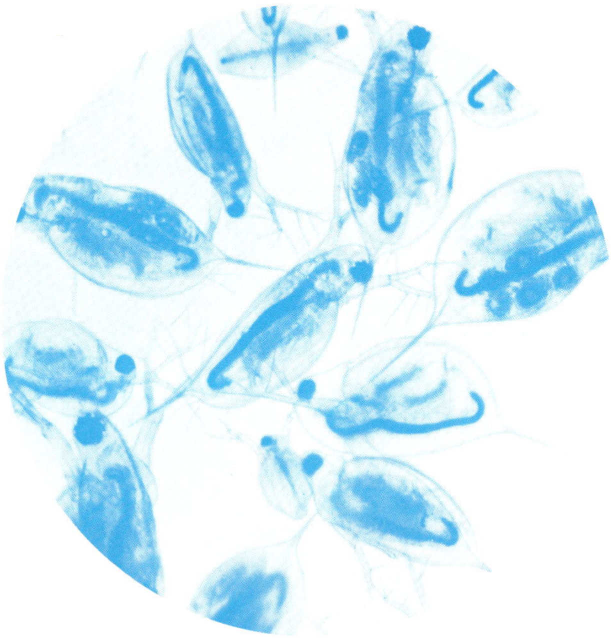

Füllt von verschiedenen Stellen des Sumpfes (sonnig, schattig, schlammig, sauber, schmutzig) etwas Wasser in ein Gefäß. Ihr werdet feststellen, daß eure Flüssigkeit zahlreiche schwarzrote Punkte enthält. Das ist weder Abfall, noch sind irgendwelche Körnchen darin. Schaut, die Punkte bewegen sich! Es sind tatsächlich Tiere: Es ist nämlich das berühmte Plankton, das im Süßwasser – und in anderer Zusammensetzung – im Meer lebt.

Zur genaueren Untersuchung müßt ihr ein gutes Vergrößerungsglas zur Hand nehmen, erst dann lassen sich Einzelheiten erkennen. Wenn ihr einen Diaprojektor besitzt, könnt ihr noch besser diese kleine Welt aus eurem Sumpf studieren. In einen schmalen durchsichtigen Plastikbehälter von der Größe eines Dias setzt man mit einer Pipette (kleines Saugrohr) einige Wasserflöhe, die man zuvor aus dem Gefäß gesaugt hat. Das ist nicht schwer, weil die kleinen Tiere meist an die Oberfläche steigen oder sich an die Wand des Glases oder Eimers drücken. Setzt den Behälter nun vor das Objektiv des Projektors. Ihr werdet auf diese Weise eine hervorragend vergrößerte Abbildung bekommen, zwar seitenverkehrt wie beim Dia, aber das ist bedeutungslos.

Wasserfloh (Daphnia pulex).

Man sieht, wie die Wasserflöhe *(Daphnia pulex)* ruckweise in alle Richtungen davonhüpfen. Dazu benutzen sie ihre zwei ruderartigen Antennen, die sich seitwärts am Kopf befinden.

Von der Seite sieht der Wasserfloh sehr seltsam aus: Der Bauch scheint stark aufgetrieben, obwohl er, von vorne gesehen, ganz schmal ist. Dieser vorgetäuschte Bauch wird aus 2 miteinander verwachsenen Schalen gebildet, die den Wasserfloh bis auf Kopf und Hinterteil eng umschließen. Die Schalenkanten sind vorne miteinander verzahnt; das läßt sich gut erkennen.

Das durchsichtige Tier enthüllt uns seinen inneren Bau. Die schwarze Linie, die es in 2 Teile zu spalten scheint, ist der Verdauungskanal. Der Wasserfloh hat nur ein einziges schwarzes rundes Auge, das in seiner Höhlung zittert. Die schlagenden Bewegungen vorne stammen nicht vom Herzen, sondern von den 5 Beinpaaren. Sie dienen nicht der Fortbewegung, wirken aber wie Filter. Sie strudeln das Wasser herbei, filtern die Nahrung heraus, die hauptsächlich aus Algen und Plankton besteht, und führen sie zum Mund. Am Ende der Beinpaare sitzen Kiemenblättchen, die man jedoch nur unter dem Mikroskop sieht. Es beeindruckt euch sicher auch, wenn unter dem Mikroskop plötzlich das schlagende Herz sichtbar wird.

Im Rückenbereich könnt ihr grünlichschwarze Punkte beobachten: das sind Wasserfloheier in ihrem Brutraum. Übrigens kommen in der warmen Jahreszeit nur Weibchen vor. Die Eier entwickeln sich im Brutraum schnell ohne vorherige Befruchtung (Parthenogenese) zu kleinen Wasserflöhen; sie treten in Massen auf. Das erweist sich für die anderen Teichbewohner als sehr günstig; Insekten, Fische und Vögel freuen sich, denn die Wasserflöhe stellen die unterste Stufe der Nahrungskette eines Teiches dar.

Vor Winterbeginn entwickeln sich einige Eier zu Männchen. Nun kommt es zu Paarungen. Die befruchteten Eier sind viel widerstandsfähiger, denn sie müssen den kalten Winter überstehen. Man nennt sie daher auch „Dauereier“. Sie werden zusammen mit einem Teil des schützenden Brutraumes abgestoßen; das Muttertier stirbt. Im folgenden Frühjahr entstehen aus ihnen nur Weibchen.

Außer Wasserflöhen entdeckt ihr in dem Wassertropfen noch andere kleine Krebstierchen, z. B. die Rüsselkrebse *(Bosminidae)*. Sie sind nahe Verwandte der Wasserflöhe. Die ersten Antennen (Fühler) sind lang und abwärts gebogen – eine Rüsselnase, die sehr merkwürdig aussieht.

Auch werdet ihr unterschiedliche Hüpferlingsarten *(Copepoda)* zu Gesicht bekommen, deren Weibchen 2 Säckchen voller Eier am Hinterende tragen; damit sehen sie wie kleine Torpedos aus. Sie nähern sich schon stärker unserer Vorstellung von Krebsen. Verglichen mit den Wasserflöhen sind die Kalkeinlagen in ihren Schalen noch geringer. Wasserflöhe und Hüpferlinge werdet ihr aber selten zusammen entdecken.

Neben anderen Krebstieren *(Crustacea)* findet ihr im Plankton noch gelegentlich die kleinen Muschelkrebse *(Ostracoda)*. Sie sind rund, winzig, aber sehr schnell. Aus 2 braunen Schalen stehen Fühler und Beine hervor. Um Einzelheiten sehen zu können, braucht ihr wieder euer Mikroskop. Das benötigt ihr jetzt überhaupt öfter, denn wir wenden uns noch kleineren Tieren im Wassertropfen zu: mikroskopischen Kleinstlebewesen wie den Einzellern, den Hohltieren und den vielbestaunten Rädertierchen *(Rotatoria)*. Welch wunderbarer Reichtum an bizarren Formen und wirren Bewegungen. Vielleicht habt ihr schon, während ihr den Wasserfloh unter dem Mikroskop betrachtet habt, ein Glockentierchen *(Vorticella)* entdeckt. Diese zarten glockenförmigen Einzeller haben sich mit langen Stielen auf den Daphnien festgesaugt und bewegen sich rhythmisch.

Dann erblickt ihr runde Tierchen, die an ihrer vorderen Körperhälfte mehrere Anhänge (Gliedmaßen, Fühler) tragen; dabei stellt sich heraus, daß die Pedipalpen (das Gliedmaßenpaar, das auf die Scheren folgt) zusammengewachsen sind. Ihr habt Milben *(Acarina)*, enge Verwandte der Spinnen, vor euch, genauer: Süßwassermilben; denn es gibt auch Arten, die im Meer oder auf dem Land leben. Die glitzernden Farben des Hinterleibes werden euch bestimmt gefallen.

Sicher wollt ihr einige in euer Aquarium aufnehmen. Diese kleinen runden Körper (etwa so groß wie der Wasserfloh oder der Hüpferling) rollen wirklich wie Perlen beim Schwimmen umeinander. Laßt es besser sein, besonders wenn ihr Fische darin habt, denn manche von ihnen saugen Fischen Blut ab.

Könnt ihr euch vorstellen, daß diese kleinen Lebewesen sich auch häuten? Ja, das tun sie wirklich.

Unser Wassertropfen ist eine wunderbare kleine Welt für sich: Ungeahntes Verhalten, überraschende Formen und phantastische Färbungen lassen uns immer wieder staunen.

Im Jagdgebiet des Schlangenadlers

Nattern und Ottern in den feuchten Zonen haben ihre natürlichen Feinde: Igel, Iltis, Hermelin, Mauswiesel und Marder. Auch Reiher und Greifvögel gehören dazu. Der gefürchtetste unter ihnen ist der Schlangenadler *(Circaetus gallicus)*. In Deutschland kommt er kaum mehr vor. Er ist vorwiegend in den Mittelmeerländern heimisch, in Frankreich findet man ihn gelegentlich noch, aber auch dort ist er auf dem Rückzug in den Süden.

Sein Horst aus grobem Astwerk liegt hoch in den Baumwipfeln. Das Weibchen legt pro Jahr nur ein einziges weißes Ei, das von beiden Eltern gemeinsam über einen Zeitraum von 40–45 Tagen ausgebrütet wird. Man versteht also gut, daß schon ein einziger Vogel, der trotz Verbot abgeschossen wird, ein schwerer Verlust ist. Alle Greifvögel stehen unter Naturschutz!

Vielleicht seht ihr den Schlangenadler einmal sein Jagdgebiet überfliegen, das sich über den Sümpfen erstreckt; seine weiße Unterseite schimmert im Licht. Er weiß genau, wann sich Ringelnattern und Ottern sonnen. Sein scharfes Auge mit der gelben Iris sucht den ganzen Boden ab, und plötzlich stürzt er sich auf seine Beute. Er packt sein Opfer so schnell mit den Klauen, daß man kaum Gelegenheit hat, seinen hellbraunen Rücken und die 3 dunklen Querstreifen am Schwanz zu sehen. Schon hat er wieder die Flügel ausgebreitet (Spannweite 1,80 m). Die zappelnde Schlange hält er fest im Griff, wenn er mit raschem Flügelschlag zum Wald zieht. Erst dort macht er sich daran, seine Beute zu vertilgen…

Weihen, Milane und Bussarde sind zwar nicht wie der Schlangenadler auf Schlangenfang spezialisiert, verachten aber diese Beute nicht.

Den Schlangenadler (Circaetus gallicus) *erkennt man im Flug an seinen Schwingen und an seiner weißen Unterseite. Er nistet zuweilen in den Ardennen, in den Vogesen und im Schweizer Jura.*

Wußtet ihr, daß man

den Fischadler *Pandion haliaetus)* und die meisten anderen Raubvögel bald nur noch aus Erzählungen und Abbildungen in Büchern kennen wird?

Der Fischadler nistet in Mitteleuropa kaum noch, ist häufiger noch im Norden und Osten zu finden. Man fragt sich, ob er je wieder einen Horst in der Nähe unserer Teiche errichten wird, wo er zwar noch regelmäßig auf seinen Wanderzügen halt macht, aber nur, um dort zu jagen. In Korsika findet er an der Felsenküste noch einige Zufluchtsorte. Das Verschwinden des Fischadlers ist auf den massiven Einsatz von Pestiziden zurückzuführen, auf die dieser Vogel sehr empfindlich reagiert.

Zugvögel unterwegs

Stare (Sturnus vulgaris) *im Kugelflug.*

An kalten Oktobermorgen ziehen Enten und Gänse in Schwärmen vorüber. Andere Vogelzüge fliegen ihnen voraus und künden sie an. Piepsende Sperlinge eilen von Hecke zu Hecke; Wolken geschwätziger Stare lassen sich lärmend nieder; Heerscharen schwarzer Krähen lagern auf den Feldern. Wenn die Ringeltauben mit geräuschvollem Flügelschlag vorbeifliegen, wißt ihr, daß die nächsten Reisenden bereits bald an eurem Gewässer Rast machen werden.

Am graublauen Himmel ziehen Schwärme in Keil-Formation majestätisch vorbei. Die Ente an der Spitze hat eine schwierige Aufgabe zu erfüllen; deshalb wechseln sie sich während des Fluges ab und tauschen öfters die Plätze. Die Fluggeschwindigkeit der Vögel ist bei den einzelnen Arten unterschiedlich, die Enten hingegen fliegen alle etwa gleich schnell. Die Flughöhe richtet sich nach der Windstärke, dem Aufwind, der Temperatur, den Lichtverhältnissen und der Tageszeit.

Ein Schwarm kann so hoch fliegen, daß man die Vögel vom Boden aus nicht mehr sieht. Meist aber halten sie sich in Höhen zwischen 100 und 400 Meter auf. Falls sie niedriger fliegen, ist zu vermuten, daß sie nach einem geeigneten Rastplatz Ausschau halten.

Im Flug lassen sich die Farben der Vögel schwer feststellen, daher muß man ihre Umrisse und ihr Flugbild genau kennen.

Der regelmäßige Flug der Stockenten vermittelt den Eindruck geballter Kraft; machtvoll und geradlinig schlagen die weiten Handschwingen nach oben und unten. Selbst so schwere Vögel wie die Enten können steil nach oben starten. Der Schwanz und die Schwingen sind bei den Stockenten abgerundet.

Die Schnatterenten, die man oft in Gesellschaft der Stockenten antrifft, ähneln ihnen in Größe und Flughöhe. Der Schwanz ist jedoch rechteckig, die Schwingen weniger abgerundet.

Seltener läßt sich die Spießente beim Landen beobachten. Dennoch kommt sie zahlreich vor. Die Männchen sind sehr leicht an den spießartig verlängerten Schwanzfedern zu erkennen. Beim Fliegen benutzen die Vögel ihren Schwanz zum Bremsen und für Ausgleichsbewegungen bei Schwankungen. Wenn sich die Enten im Herbst zum Fluge sammeln, zeigt sich, daß die Schwärme der Löffelenten kleiner sind als die der Pfeifenten. Die Pfeifenten zeigen in der Luft eine runde Form, der Schwanz ist spitz: Sie sind schnelle Flieger.

Die Tauchenten haben dagegen, wie die Reiher und Tafelenten, einen kurzen Körper.

Noch kleiner sind die Krick- und die Knäkenten; beide wirken sehr lebhaft und geschickt, wobei die ersteren etwas schneller fliegen – vielleicht weil Körper- und Flügelumrisse länger und dünner ausfallen. Die Gänse fliegen in keil-, linien- oder sparrenförmiger Formation. Der Flug der Graugänse unterscheidet sich von der wellenförmigen Linienausrichtung der Meergänse und der Schwäne, die trotz ihrer lang vorgestreckten Hälse ein massiges, plumpes Aussehen haben.

Während des Fluges schreien die Zugvögel häufig, vor allem die geschwätzigen Weibchen. In ruhigen Nächten werdet ihr sicher die Flügelgeräusche unterscheiden lernen. Einmal gehört, werdet ihr die harmonischen Geräusche der Schwäne oder das pfeifende Sausen der Stockenten nie vergessen. Manchmal fliegen aber auch mehrere Arten zusammen!

Pfeift der Pfeifente

Wenn ihr einmal allein oder mit euren Freunden in eurer selbstgebauten Schutzhütte seid oder den Unterstand eines freundlichen Jägers aufsucht, könnt ihr versuchen, die Pfeifenten aus der Ferne herbeizulocken. Hier verraten wir euch einen Trick, den ihr aber nur wirklichen Vogelfreunden weitersagen solltet.

Bittet einen Jäger um zwei leere Patronenhülsen; zieht die Zündhütchen ab, behaltet nur die einfachen Hülsen und schiebt sie ineinander. Blast abwechselnd kräftig und schwach in eines der Löcher. Nach einigem Üben könnt ihr das charakteristische pfeifende „huihu" des Erpels nachahmen. Die Pfeifenten schwimmen langsam auf euer Versteck zu, manchmal kommen sie sogar ganz in die Nähe. Dann könnt ihr sie genau beobachten und fotografieren.

GÄNSE sind gar nicht so dumm

Typisches Flugbild eines Gänseschwarms.

Den ganzen Herbst über kommen Gänse zu den feuchten Wiesen im Sumpfgebiet geflogen. Regenreiche Westwinde und trockene Ostwinde haben sie auf ihrem Flug begleitet. Kalte Nordwinde haben den ersten Schnee auf die Felder geblasen und sie gezwungen, ihre Reviere in Skandinavien und Osteuropa zu verlassen. Die pflanzenfressenden Gänse suchen weniger die Teiche und Tümpel auf; sie landen lieber auf Wiesen und Äkkern, wo es genügend saftiges Grünfutter für sie gibt.

Meist ziehen sie in großen Schwärmen. Die Truppe schickt von Zeit zu Zeit „Späher" voraus, die mit sicherem Instinkt vorteilhafte Rastplätze auswählen. Haben sich die Gänse sattgefressen, fliegen sie zum nächsten Weiher, um dort zu trinken und zu schlafen. Da der Schwarm zusammenbleiben muß, suchen sie meist ausgedehnte Wasserflächen auf.

Durch ihr unaufhörliches Geschnatter aufmerksam geworden, haben wir bemerkt, wie ein Zug Gänse sich weit entfernt niedergelassen hat. Es ist aber gar nicht so einfach, sich ihnen zu nähern. Sie haben Schildwachen aufgestellt, die mit scharfen Augen um sich spähen und bei jedem auffälligen Geräusch sofort Alarm schlagen. Bei der geringsten Bewegung rekken sich alle Hälse, und in einem unbeschreiblichen Durcheinander von schnatternden Schreien stieben alle mit heftigen Flügelschlägen davon.

Alle Wildgänse sind scheu und mißtrauisch, außerdem verfügen sie über ein hervorragendes Gedächtnis.

Im Sumpf kann man nur an ihrem Geschnatter ihren Rastplatz erkennen. Am nächsten Morgen findet man nur noch das verlassene Nachtlager am Wasser: Geknickte Gräser und Vogelmist zeigen es an. Schon vor Tagesbeginn ist die ganze Gänsegesellschaft ausgeflogen.

Die Wildgans unterscheidet sich stark von unserer Hausgans. Wenn man unsere plumpen Hausgänse sieht, würde man kaum vermuten, daß sich die Wildgänse so schwungvoll in die Lüfte erheben können und sich so vorsichtig verhalten. Ihre Flugkraft ist so gewaltig, daß sie auf ihren Wanderzügen alle Höhenrekorde einstellt. Beim Überfliegen des Himalaya erreicht sie Höhen bis zu 9000 m.

Wir kennen jetzt das durchdringende, laute Geschnatter der Graugans *(Anser anser)*; die Saatgans *(Anser fabalis)* kann's noch lauter! Sie trägt ein dunkles Gefieder, der gelbe Schnabel hat im Gegensatz zur Graugans einen schwarzen Fleck. Der Schrei der Bläßgans *(Anser albifrons)* ähnelt einem lebhaften Geplapper; sie ist grau bis dunkelbraun gestreift und sieht der Graugans ähnlich, von der sie sich aber durch einen weißen Stirnfleck unterscheidet. Den Winter verbringt sie im Süden, manchmal auch am Oberrhein in der Nähe der Vogesen. Seltener ist die Zwerggans *(Anser erythropus)*, eine etwas kleinere Art der Bläßgans; sie hat einen lebhaften lachenden Schrei. Die Kurzschnabelgans *(Anser brachyrhynchus)* ähnelt ein wenig der Saatgans; sie stößt kürzere, aber lebhafte Schreie aus.

Weibchen und Männchen lassen sich nur schwer unterscheiden; im Gegensatz zu den Enten tragen beide nämlich das gleiche Gefieder.

Einige Gänsearten aus dem Osten Europas treten ihre weiten Wanderungen zu Fuß an. Die Bauern in Rußland kennen genau ihre Wanderwege und lauern ihnen im Herbst auf.

Die Meergänse stoßen auch im Flug trompetenartige Schreie aus; sie überwintern vorwiegend in küstennahen Sumpfgebieten. Tausende von Ringelgänsen *(Branta bernicla)* suchen jedes Jahr im Herbst die Hallig Norderoog als Rastplatz auf. Ringelgänse sind sehr gesellig; man erkennt sie sofort an ihren kehligen „rronk"-Rufen. An allen Sümpfen mit weiten Wasserflächen finden wir auch die Kanadagans *(Branta canadensis)*, die ursprünglich nur im Norden Amerikas heimisch war.

Graugans (Anser anser).

Bläßgans (Anser albifrons).

Saatgans (Anser fabalis).

Kurzschnabelgans (Anser brachyrhynchus).

An den Ufern: Bäume

Weiden *(Salicaceae)* findet man besonders häufig in den Sümpfen. Manche tragen männliche Blüten, manche weibliche; sie sind also zweihäusig.

Die **Silberweide** *(Salix alba)* ist ein kräftiger hoher Baum (15–25 m); sie kommt an Teichen und Wasserläufen vor. Die graue Rinde ist von braunen Furchen durchzogen, die schlanken hochgestreckten Äste sind gelboliv gefärbt.

Auch die **Korbweide** *(Salix viminalis)* wächst häufig an Ufern von Flüssen, Kanälen und Bächen. Sie besitzt lange, schmale Blätter, deren Unterseiten wie Damast glänzen. Ihre Rinde ist gelb; ihre Zweige werden gerne zum Flechten von Körben verwendet.

Die **Purpurweide** *(Salix purpurea)* – die wohl wertvollste Flechtweide – hat Blätter von rotbraunem Glanz. **Die Salweide** *(Salix caprea)* kommt häufig im Dickicht vor; sie ist ein kleiner Baum (5–10 m), manchmal auch nur ein stattlicher, starkastiger Strauch. Vor der Blüte trägt sie dicke weißfilzige Kätzchen. Die graugrüne Rinde der jungen Triebe ist anfangs glatt, später wird sie hellgrau, schrundig und platzt immer stärker auf.

Bevor die **Zitterpappel** *(Populus tremula)* im Frühjahr ihre neuen Blätter entfaltet, sieht man die spitzen, klebrigen Knospen. Sobald die Kätzchen austreiben, nimmt der ganze Wipfel eine rötlich-gelbe Färbung an. Die Pappel ist zweihäusig, das heißt, es gibt Bäume mit weiblichen und Bäume mit männlichen Blüten. Ihre flockigen Samenkörner werden oft weit vom Wind verweht, bevor sie auf den Boden fallen; die Pappel produziert etwa 25 Millionen Samen pro Jahr. Die kreisrunden, gezähnten Blätter sitzen auf dünnen, langen Stielen, die bei warmem Wetter, selbst wenn sich kein Lüftchen regt, unaufhörlich zittern. Daher auch der Name Zitterpappel!

Der gerade Stamm der **Schwarzerle** *(Alnus glutinosa)* ragt bis zu einer Höhe von 30 m auf. Sie gedeiht gut in feuchten, morastigen Gebieten und kann über 100 Jahre alt werden. Die Triebe dieser Erle schlagen reichlich vom Stamm (Stock) aus, der mit schwarzbraunen Rindenstücken besetzt ist (Tafelborke). Die dunkelgrünen Blätter scheiden auf der Unterseite eine klebrige Flüssigkeit aus. Die Knöllchen an ihren Wurzeln stammen von Fadenpilzen, die Stickstoff aufnehmen können: Baum und Pilz leben in Symbiose.

und Sträucher

In den Moorwäldern finden wir zwischen anderen Büschen häufig einen mächtigen Strauch: Es ist der Faulbaum *(Rhamnus frangula),* der etwa 4 bis 5 m hoch wird. Schon im Mittelalter hat man die heilsame Wirkung seiner Rinde erkannt und Abführmittel daraus hergestellt. Seine dornlosen Äste tragen wechselständig ovale Blätter, die 4–5 cm lang sind; sie sitzen auf behaarten Stielen und haben 6–8 Seitennervenpaare. Die kleinen weiblichen und männlichen Blüten sind grün oder weißlich und wachsen auf dem gleichen Stamm; sie blühen in Dolden angeordnet im Mai oder Anfang Juni. Die ungenießbaren Früchte sind erbsengroß, zunächst rot, später schwarz.

Im feuchten Dickicht, wo auch der Faulbaum gerne wächst, schlägt eine Liane lebhaft aus. Sie ist unbehaart, gewunden und besitzt herz- oder pfeilförmige Blätter: Es ist die Gemeine Schmerwurz *(Tamus communis).* Die Pflanze ist beißend scharf und gefährlich. Ihre Früchte sind traubig angeordnet und rot wie Kirschen; sie werden im November reif und sind giftig. Also Vorsicht!

Hier treffen wir auch den Bittersüßen Nachtschatten (*Solanum dulcamara;* 1 m) an, der sich an anderen Pflanzen emporwinden kann. Seine ovalen Früchte sind zunächst grün, dann gelb und später im Herbst auffällig rot: Sie enthalten ein sehr starkes Gift (Alkaloid)!

Ganz sicher stoßen wir in den Hecken um die Teiche auch auf den Weißdorn *(Crataegus oxyacantha).* Seine roten beerenartigen Früchte sind eßbar und lassen sich zu Gelee oder Marmelade verarbeiten.

Auch die Hagebutten der wilden Heckenrose *(Rosa canina)* lassen sich in gleicher Weise verwenden.

In Sumpfgebieten auf sauren Torfmoorböden (z.B. in der Lüneburger Heide) kommt der Gagelstrauch *(Myrica gale)* vor, ein Strauch mit kleinen Blättern, die im Winter abfallen. Sie verströmen einen betäubenden aromatischen Geruch, der viele Insekten anzieht. Deshalb kann man sie auch als Mottenmittel verwenden. Die wachsbedeckten, fleischigen Früchte befinden sich in einem schützenden, harten Gehäuse. Wie die Erle lebt auch der Gagelstrauch mit bestimmten Pilzen in Lebensgemeinschaft (Symbiose). Diese siedeln sich an seinen Würzelchen an und verarbeiten den Stickstoff aus der Luft; im Austausch dafür nehmen sie Zucker (Glukose) auf, den der Strauch hervorbringt.

Faulbaum (Rhamnus frangula).

Schmerwurz (Tamus communis).

Bittersüßer Nachtschatten (Solanum dulcamara).

Weißdorn (Crataegus oxyacantha).

Heckenrose (Rosa canina).

Gagelstrauch (Myrica gale).

PFLANZENKOST FÜR UNSERE ENTEN

Wasserknöterich (Polygonum amphibium).

Die Nahrung der Enten unterscheidet sich ein wenig von der anderer Sumpfbewohner. Sie sind weder reine Fleischfresser wie die Säger *(Mergini)*, die die Fische mit ihren schmalen sägeartig gezähnten Schnäbeln packen, noch reine Pflanzenfresser wie die Gänse, die auf ihren Wanderflügen saftige Kräuter abweiden, oder wie die Schwäne *(Cygnus)*, die die Pflanzen aus dem Weiherboden rupfen.

Enten sind sehr genügsam: Die Nahrung der erwachsenen Tiere besteht zu 90% aus Pflanzenkost. Der Rest setzt sich zusammen aus: Fischeiern, Fröschen, Fischbrut, Kaulquappen, kleinen Fischen, Insektenlarven, Muscheln, Krebstierchen, manchmal sogar aus Blutegeln. Auch Knospen, junge Triebe, Blätter, Wurzeln, Fruchtkörner verschmähen sie nicht. Sie leben gewissermaßen von allem, was den Magen füllt. Natürlich haben sie auch ihre Lieblingsspeisen: Wasserlinsen, die Blätter der Wasserpest und des Wassersterns, runde Kresseblättchen oder Bissen vom Pfeilkraut und der Seerose.

Im Sommer und im Herbst naschen die Enten auch von den Früchten der Erle und der Birke *(Betula)*. Aber auch andere Pflanzen stehen nach den ersten Herstfrösten auf dem Speiseplan der Enten. Dazu gehören die Ampferarten *(Rumex)*, deren Samenkörner besonders geschätzt werden. Beliebt sind auch die Büschel der hohen Riedgräser. Sie geben den Enten nicht nur Schutz, sie sind zugleich auch Nistmaterial und Nahrung. Die steifen, fein gezähnten Blätter des Riedgrases sind zu schmalen Rinnen gefaltet und schneidend scharf; die aufrechten Stengel haben die Form eines Dreiecks. Die Büschel und Höcker der Ried- oder Lieschgräser unterscheiden sich in der Anordnung der Ähren. Die Ähren tragen von März bis April weibliche oder männliche Blüten auf ein und demselben Stengel; die männlichen befinden sich oben, die weiblichen unten.

Der Wasserknöterich *(Polygonum amphibium)* ist – wie der Name schon sagt – eine amphibische Pflanze, die im Wasser und auf dem Land lebt. Fließt das Wasser ab, so wandelt sie sich in eine Landpflanze um. Sie entwickelt dabei eine erstaunliche Anpassungsfähigkeit! Der Wasserknöterich besitzt kleine rosa Blüten, die in der Art einer Scheinähre angeordnet sind. Die feinen Blätter sind mit rötlichen Punkten übersät, und die Stengel ragen aufrecht aus dem Wasser oder treiben auf ihm. Zahlreiche Insekten besuchen die duftenden Blüten, aus denen trokkene, harte Körner entstehen, die ein Magenschmaus für unsere Enten sind.

Auch die Brombeerhecken *(Rubus)* bieten den Enten im Herbst gute Verstecke. Sie fressen aber auch gerne die Beeren, vor allem die Stockenten!

Die Ampferarten *(Rumex)*, von denen es mehr als 200 Arten in der ganzen Welt gibt, wachsen sehr häufig am Wasserufer, wo sie zusammen mit dem Weidenröschen

Wissenswertes über Korbweiden und Korbmacher

◆ Weidenruten sind ungewöhnlich biegsam; drei verschiedene Arten werden heute noch in manchen Gegenden für die Korbflechter angebaut.

◆ In feuchten Wiesen, die wegen Überschwemmungsgefahr kaum anders genutzt werden können, pflanzt man im Februar/März die Weidenstecklinge in Reihen an. Die Reihen sind 60 cm voneinander entfernt; der Abstand zwischen den einzelnen Pflanzen beträgt 30 cm.

◆ Störendes Unkraut, das den Wuchs der Stecklinge behindert, muß von Zeit zu Zeit vernichtet werden.

◆ Ein Weidenstock liefert 20 Jahre lang Weidenruten, die eine Länge von 2,50 m erreichen können. Im November und im März werden sie geschnitten, die Besten ausgelesen und zu Bündeln zusammengefaßt.

◆ Die Bündel werden mit ihren Schnittflächen fußtief in einen Bach gestellt und bleiben dort bis zum Mai.

◆ Im Mai schält man die feuchte Rinde ab. Dann legt man die Weidenruten ins Freie, damit sie in Sonne und Luft trocknen und bleichen; anschließend werden sie in Bündeln bis zur Verarbeitung in den Häusern gelagert.

◆ In Mittelfrankreich arbeiten die Korbmacher in kühlen Felsenhöhlen; die Weiden werden 2 Stunden vor ihrer Verarbeitung in Wasser eingeweicht, damit sie länger feucht und biegsam bleiben.

◆ Um einen Einkaufskorb herzustellen, benötigt ein geschickter Flechter 1–2 Stunden. Für einen Sessel braucht er 3 Stunden und für ein Bett aus Korbgeflecht etwa 25 Stunden.

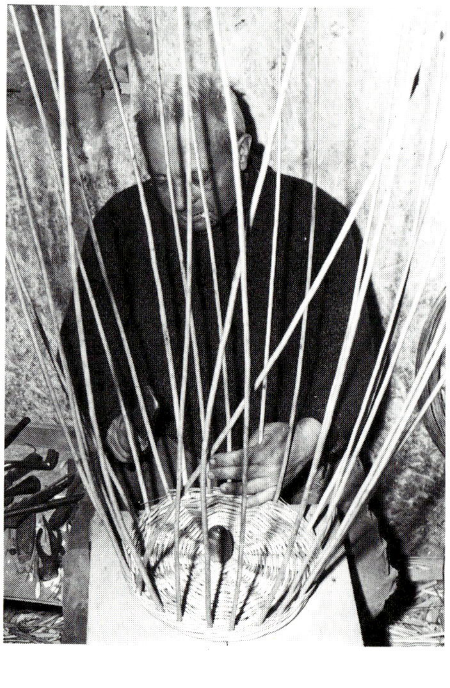

(Epilobium) und der ganzen Ufervegetation des Weihers gemeinsam auftreten. Sie sind im Herbst eine Dauerkost der Stockenten, Knäkenten und Löffelenten, denn die trockenen, hängenden Früchte von scheibenartiger Gestalt bleiben bis in den Winter hinein hängen; sie sind an ihrer dunkelroten bis schwarzbraunen Färbung weithin erkennbar.

Die winzig kleinen Blüten zeigen oft ein verwaschenes Rot, der Blütenstand setzt sich aus einfachen Ästen zusammen. Der Sauerampfer blüht von Mai bis August und verbreitet sich rasch auf den Wiesen. Da er nur selten von Tieren gefressen wird, ist er im Weideland nicht gerade erwünscht, aber im Sumpfgebiet sollte man ihn der Enten wegen erhalten.

Eine Pflanze, die unsere Enten nie fressen, und die jeden Moorbauern verärgert, ist der Sumpfschachtelhalm *(Equisetum palustre)*. Sein Wurzelstock steht im Wasser, und seine Blütenähren erheben sich über grünen Stengeln; er ist leicht giftig und für das Vieh unbekömmlich. Man darf ihn nicht mit dem Wiesenschachtelhalm *(Equisetum pratense)* verwechseln, der auch oft auf feuchtem Boden und an Straßengräben wächst. Das tiefe Wurzelwerk (Rhizom) des Schachtelhalms macht ihn fast unausrottbar.

Blütenstände des Sauerampfers (Rumex acetosa).

Gemeiner Beinwell (Symphytum officinale).

Schmackhaft und nützlich ...

Habt ihr gewußt

- ◆ daß man aus den jungen Blättern des Gemeinen Beinwells *(Symphytum officinale)* einen bekömmlichen Salat bereiten kann? Man pflückt sie am besten vor der Blüte im April!
- ◆ daß die jungen Knospen der Sumpfdotterblume *(Caltha palustris)*, in Essig und Salz eingelegt, ähnlich wie Kapern schmekken? Pflückt sie im März/April später ist die Pflanze giftig!
- ◆ daß man den Sauerampfer *(Rumex acetosa)* gut für Salate oder Suppen verwenden kann? Ihr könnt ihn im Mai ernten.
- ◆ daß man die zarten Blätter des Wiesenschaumkrauts *(Cardamine pratensis)* im März vor der Blüte pflückt und ebenfalls als Salat verwendet?
- ◆ daß ihr euren Hund, wenn er Flöhe hat, mit einem Sud aus Minze einreiben könnt (10–20 Gramm auf einen Liter heißes Wasser)? Die Wasserminze *(Mentha aquatica)* – ihr erkennt sie an ihren abgerundeten Blütenköpfen – und die Poleiminze *(Mentha pulegium)* wachsen überall auf Wiesen, die im Winter überflutet werden.
- ◆ daß der Spierstrauch *(Spieraea ulmifolia)* die Verdauung anregt und Rheumaschmerzen lindert? Schneidet ihn im Juli, wenn er gerade blüht, am Stengel ab, und hängt ihn an einem luftigen, schattigen Ort zum Trocknen. Der Sud für einen Wickel wird aus 50 Gramm pro Liter bereitet; man verwendet 90°C heißes Wasser, läßt die gewonnene Brühe 10 Minuten ziehen und macht dann den Umschlag. Auch bei Grippe hilft der Spierstrauch!

Wie man Tiere präpariert

Das Präparieren von toten Tieren ist eine besondere Kunst, die nur der Fachmann beherrscht. Bevor wir uns selber ans Werk machen, sollten wir uns erst von einem Spezialisten einarbeiten lassen; die Arbeit ist nicht einfach und mit mancherlei Verletzungs-, Verbrennungs- und Vergiftungsgefahren verbunden.

Wenn ihr jedoch einen gut erhaltenen, toten Vogel oder gar eine Ente findet, könnt ihr sie ohne größeren Aufwand präparieren. Preßt an zahlreichen Körperstellen mit einer kleinen Injektionsnadel Formol in Kopf, Hals, Beine; die Brust und vor allem der Bauch müssen besonders sorgfältig mit Formol behandelt werden. Beendet die Behandlung, sobald das Formol aus den Einstichlöchern und dem Schnabel herauszulaufen beginnt. Bringt den Vogel sofort in die gewünschte Haltung: z.B. in die eines schlafenden Tieres, eines Tieres im Flug oder beim Beutefang. Dabei ist ein Stützgerüst sehr hilfreich, um den Vogel in der richtigen Stellung zu halten. Stellt ihn nun für eine längere Zeit in einen kühlen Raum (Keller). Laßt ihn dort mindestens einen Monat lang ruhen, und berührt ihn nicht.

Das Tier wird nach und nach austrocknen und etwa ein Fünftel seiner ursprünglichen Größe verlieren, aber es läßt sich so doch für einige Jahre aufbewahren. Diese Art der Präparation kann man nur bei kleineren Tieren anwenden; meist sind die Ergebnisse nicht besonders zufriedenstellend. Weitere Beschreibungen hierzu findet ihr auch in den Büchern „Die Wiese lebt“ und „Der Wald lebt“.

WINTER

Es ist lange her, seit wir die goldenen Schlüsselblumen *(Primula veris)* in den feuchten Wiesen leuchten sahen; auch aus den prächtigen Orchideen, die im Juni/Juli blühten, sind wieder unscheinbare Pflanzen geworden. Mit dem Winter kommt der Frost... Was ist aus den breitblättrigen Orchideen *(Dactylorchis latifolia)*, was aus dem weit verbreiteten Helmknabenkraut *(Orchis*

militaris), was aus der Sumpfwurz *(Epipactis palustris)* mit ihren gelbweißen, hängenden Blüten, die manchmal bis in den Schilfgürtel hineinwachsen, geworden? Nun, sie überdauern den Winter als Knollen.

In den Hecken an den Wiesenrändern und im Dikkicht mancher Uferabhänge hat die Schmerwurz *(Tamus communis)* fast alle ihre roten Früchte verloren, die im November reif wurden. Ob der Bittersüße Nachtschatten *(Solanum dulcamara)* ohne seine violetten Blüten und ohne rote Beeren noch die Füchse anlocken wird?

Der eisige Wind, der das neue Jahr ankündet, bläst uns mächtig ins Gesicht, wenn wir jetzt durch die Wiesen streifen, um die Natur in ihrem Winterschlaf zu beobachten. In der Nähe erheben sich fahle alte Weiden, an denen sich dunkelgrüner Efeu *(Hedera helix)* emporrankt. Die Weidenzweige glitzern vom Rauhreif. Schnee bedeckt die verwelkten Riedgräser und häuft sich an den bleichen Binsen an. Wir nähern uns einem Erlenbusch; da springt ein Hase aus seinem Versteck...

Er hinterläßt seine Spuren im Schnee, wie auch der Iltis und das Hermelin, das im November/Dezember sein weißes Tarnfell angelegt hat. Es jagt sogar am hellichten Tag, indem es die Gräben und Kanäle durchstöbert und sich mutig mit einer Maus in der Schnauze ins kalte Wasser stürzt und davonschwimmt...

Die Spuren im Schnee verraten uns, daß auch im Winter viele Tiere an den Gewässern leben: Fuchs, Hermelin und Wiesel, vielleicht auch ein Reh. Sie alle scheuen sich nicht, durchs Wasser zu schwimmen, wenn am anderen Ufer eine schmackhafte Morgen- oder Abendmahlzeit lockt. Auch Wildschweine durchstreifen auf Nahrungssuche gerne den Sumpf.

An den Erlen hängen noch die Früchte; Gäste aus dem Norden, wie etwa der Erlenzeisig *(Spinus spinus)* fliegen in bunten Scharen herbei und bedienen sich. Im Winter leben im Sumpf außer den Entenvögeln nur wenige andere Vogelarten; die Zugvögel sind längst im Süden, und die seßhaften Arten aus der großen Ordnung der Sperlingsvögel retten sich über den Winter, indem sie von den Äckern in die Auwälder und von dort zum Röhricht überwechseln, wo sie reichlich Gräser und Körner finden. Im einsam gewordenen Schilf hört man ab und zu die Schreie der Wasserralle *(Rallus aquaticus)* und die des Teichhuhns *(Gallinula chloropus)*. Die Sperlingsvögelschwärme ziehen jetzt in die Nähe der Dörfer, und die Rohrammern *(Emberiza schoeniclus)* schließen sich ihnen an. Aber die Blaumeise *(Parus caeruleus)* hält sich auch während der Wintertage weiterhin im Schilfwald auf. Das Zittern der verschneiten Rohrschäfte verrät ihren Weg.

Manche unter den nächtlichen Eulen, besonders der Steinkauz *(Athene noctua)*, schlafen in Wipfeln alter

Die breitblättrige Orchidee (Dactylorchis latifolia) *wächst in den meisten Feuchtgebieten. Sie erreicht eine Höhe von 50 cm; ihr aufrechter, gerillter Stengel trägt eine dichte Blütenähre von dunkelrotem Purpur. Ihr Nektar bleibt an den Wänden der Blütenröhren hängen. Um an diese Nahrung zu gelangen, durchstoßen die Insekten die Röhre, berühren dabei die Pollen und bestäuben so die Blüte.*

Erlenzeisig (Spinus spinus).

Bäume. Im Gegensatz zu den Feld- und Wühlmäusen, die wir meist im Wald und auf den Äckern antreffen, finden wir häufig im Schilfwald und am Wasser verschiedene Spitzmausarten: Die kleinste und wendigste ist eine gute Schwimmerin, jagt aber auch manchmal im Wald, wo sie ihr trockenes Nest hat. Für die „Krummschnäbel", die Greifvögel, ist die Wasserspitzmaus zwar eine schwer zu fangende, aber eine sehr leckere Beute. Die Spitzmaus ernährt sich von Fischen, Würmern, Schnecken und Insekten. Sie schnappt sie beim Tauchen mit ihren spitzen, braunroten Zähnchen. Eine besondere Vorliebe hat sie auch für die mancherorts sehr zahlreichen kleinen Flohkrebse *(Gammarus)*, die man laienhaft mit Garnelen verwechseln könnte. Sie kommen im allgemeinen nur in sauberen Gewässern vor und bieten im Sommer einen erheiternden Anblick, wenn sich das etwas größere Männchen und das Weibchen paarweise auf den Weg begeben.

Der Weiher ist eiskalt, trotzdem taucht eine Bisamratte *(Ondatra zibethica)* im Wasser. An den aufsteigenden Luftblasen können wir ihren Weg verfolgen ... Dieser pflanzenfressende Nager bereichert seinen Speisezettel gelegentlich auch durch Teichmuscheln und Wasserschnecken; die Schalenreste finden wir in seinem Bau. Ist die Bisamratte hungrig, so macht sie auch Jagd auf Frösche, Fischbrut, Kaulquappen oder kleine Vogeleier. Sie hat sich zu einem Allesfresser entwickelt, der großen Flurschaden anrichten kann; die zernagten Baumrinden im Moor beweisen das. Schade, daß es nur noch wenige Iltisse und auch kaum noch Fischotter gibt, die ihre natürlichen Feinde sind!

Auch im Winter kann man also vieles beobachten und entdecken. An zahlreichen Gewässern leben Enten und Bläßhühner, manchmal kommen auch Schwäne und Gänse zu Besuch.

Selbst die Rabenkrähe *(Corvus corone)* lebt in den Sümpfen. Wenn wir Glück haben, entdecken wir eine Art, die wir noch nicht kennen: die Nebelkrähe *(Corvus cornix)*, die sich durch ihren grauen Rücken und Bauch unterscheidet. Beide sind eng miteinander verwandt. Die Grenze ihres Verbreitungsgebietes verläuft von Irland über Schottland, Dänemark, nach Ostholstein, entlang der Elbe nach Süden und schwenkt in Nordjugoslawien nach Westen zur italienischen Riviera hinüber.

Auch eine Fahrt mit dem Kahn durch die winterliche Sumpflandschaft ist ein unvergeßliches Erlebnis. Richtig Kahnfahren will gelernt sein; es erfordert Zeit und einige Anstrengungen. Aber es lohnt sich; denn es ist ein unbeschreibliches Gefühl, so durchs knisternde Schilf dahinzugleiten und das versteckte Leben in der stillen Natur zu belauschen.

Die rundlichen Fruchtzapfen der Schwarzerle (Alnus glutinosa) *verholzen beim Reifen und werden dunkelbraun bis schwärzlich.*

Besucher aus dem kalten Norden

In sehr strengen Winterperioden, die in Westeuropa nur selten vorkommen, können wir an den noch nicht ganz zugefrorenen Gewässern ungewöhnliche Gäste beobachten.

Auf der Flucht vor dem Eis ziehen einige Vögel, die sonst im Baltikum, an der Nordsee oder in den Niederlanden überwintern, dann in den Süden, wo sie bessere Lebensbedingungen vorfinden. Natürlich kommen auch in den übrigen Jahren Einzelgänger in südlichere Gegenden; die Ausnahme bestätigt auch hier die Regel! Übrigens sind diese Besucher meist Weibchen oder Jungtiere; denn die Männchen verlassen nur ungern ihre angestammten Winterquartiere.

Unter diesen Wildvögeln, die dem Frost entfliehen, findet man Tauchenten wie die Schellente *(Bucephala clangula)*, ein herrlicher Vogel, dessen Iris wie Gold funkelt. Das Weibchen hat ein bräunliches Gefieder: schokoladenbraun auf dem Kopf, dunkel am Rücken; an seinem kleinen weißen Kragen kann man es von den Jungtieren unterscheiden, die dasselbe Gefieder tragen. Die Bauchseite des Männchens ist leuchtend weiß, der Rücken schwarz und der Kopf schillernd grün. Gute Erkennungsmerkmale sind die beiden kreisrunden, weißen Gesichtsflecken seitlich des Schnabels.

Die Schellente (Bucephala clangula) *ist eine hervorragende Taucherin und der Schrecken der kleinen Fische.*

Ganz außergewöhnlich ist es, wenn man unter den Schellenten auch Säger antrifft: Hervorragende Taucher mit sägeartigen Schnäbeln. Die Zwergsäger *(Mergus albellus)* haben eine abweichende Gestalt: Der Schnabel ist kurz und spitz, der Kopf ganz rund. Wenn man Männchen und Weibchen betrachtet, glaubt man zwei ganz verschiedene Arten vor sich zu haben. Der Zwergsäger muß sich mit kleinen Fischen als Nahrung bescheiden.

Ist der Winter nicht zu kalt, kann man Säger oder Schellenten auch in Holland und in der Schweiz beobachten. Beide nisten oft in Baumhöhlen, die sie mit Pflanzenresten und Daunen auskleiden.

Im Gegensatz dazu ist der Kranich *(Grus)* kein zufälliger Gast in kalten Wintern. Vom Sommerende bis spät im Oktober ziehen die Kraniche regelmäßig nach Süden und überqueren dabei auch unsere Städte. Aus Nord- und Mitteleuropa kommend, fliegen sie in südwestlicher Richtung zu ihren Winterquartieren nach Nordwestafrika.

In Schleswig-Holstein und Niedersachsen brüten die letzten 36 Kraniche Deutschlands.

Zwergsägermännchen (Mergus albellus).

DER SCHNABEL MACHT DEN SCHWAN AUS

Alte und junge Höckerschwäne (Cygnus olor).

Immer wieder fesselt uns die Anmut und stolze Schönheit der großen Schwäne. Am bekanntesten sind der Höckerschwan *(Cygnus olor)* und die halbwilden Schwäne, die auf Teichen und Seen zu Hause sind. Aber wißt ihr auch, daß der Schwan als durchreisender Zugvogel völlig wild bei uns vorkommt? Allerdings nur bei Eis und Kälte. Dann zieht er bis in die Mittelmeerländer. Wer im Norden wohnt, z. B. in Niedersachsen oder Schleswig-Holstein, hat vielleicht schon einmal solch einen Zug beobachtet. Ihr sausender Flügelschlag im Wind ist so eindrucksvoll, daß wir am liebsten mit ihnen fliegen würden. Sogar der Hausschwan könnte wegziehen, aber es ist nicht mehr viel von seinem ursprünglichen Zuginstinkt übriggeblieben.

Haben sich die Schwäne niedergelassen, beobachtet sorgfältig ihren Schnabel. Dieser ist rotorange und zeigt eine buckelartige, unbefiederte, schwarze Stelle zwischen den Augen und der Schnabelwurzel: Es handelt sich um einen Höckerschwan. Dieser Schwan stößt nur selten einen Schrei aus; deswegen nennt man ihn auch den „schweigenden Schwan". Dennoch hört man, wie er durch die Nasenlöcher atmet. Er ist der wilde Bruder jener Schwäne, die wir von unseren Parks her kennen.

Schaut, wie sie den Schlamm durchwühlen! Die Schwäne tauchen nicht, ihr langer Hals macht dies überflüssig. Treibende und untergetauchte Pflanzen bilden den größten Teil ihrer vegetarischen Kost; aber von Zeit zu Zeit geraten auch einmal Schnecken oder kleine Fische dazwischen. Diese großen Vögel, die wild in Skandinavien, Polen, Rußland und halbwild z. B. auf dem Bodensee vorkommen, nisten an Flüssen oder in der Nähe des Sumpfes, jedoch auf festem Untergrund. Wie bei den Gänsen dauert die Gemeinschaft eines Schwanenpaares ein ganzes Leben. Die Brut besteht aus 5–7 Jungen, die ihre Eltern bis zum Winter begleiten. Sie verteidigen verbissen ihr Revier

Lauter Springschwänze!

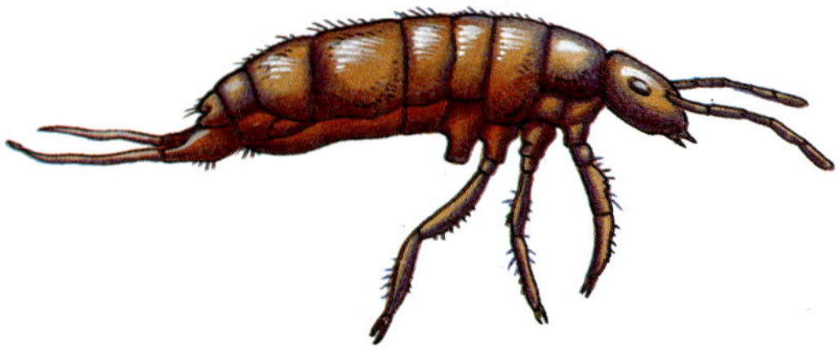

Was sind das für urtümliche Insekten, die massenweise wie geschickte Akrobaten auf vielen Wasserflächen herumspringen?

Wir sind ähnlichen Tieren schon am Waldrand und auf den Wiesen begegnet, haben sie aber nicht fangen können, weil sie wie Springfedern davonschnellten. Sie gehören zur gleichen Insektenordnung, zu den Springschwänzen *(Collembolen)*. Es sind primitive, flügellose Insekten, die am Hinterleib eine Art Katapult in Form einer Gabel besitzen. In Ruhestellung ist die Sprunggabel nach vorne an den Bauch angelegt; plötzlich schnellt sie gegen den Untergrund und schleudert das Insekt *(Podura aquatica)* durch die Luft.

Die Springschwänze überwintern im Schlamm und legen dort oder auch in verwesenden Pflanzen ihre winzigen Eier ab.

Nützliches für Zeichner

Besorgt euch ein etwa 12 cm langes Stück Schilfrohr; macht an einem Ende 3 Längsschnitte und zieht dann die Rinde ab. Bemalt das Rohrstück nun mit euren Lieblingsfarben. Sobald es trocken ist, schiebt ihr einen Bleistiftstummel in das hohle Innere, so daß die Spitze bei den drei Einschnitten herausragt. Jetzt müßt ihr dieses Ende nur noch mit einem bunten Gummiband fest umwickeln: Fertig ist der Bleistifthalter!

und nehmen keine Rücksicht auf andere Vogelarten, etwa auf Stockenten oder Bläßhühner – nicht einmal auf Artgenossen! Besonders auf kleinen Wasserflächen sind die kämpferischen Auseinandersetzungen unerbittlich.

Die beiden anderen Schwanenarten haben die gleiche Lebensweise, unterscheiden sich aber im Aussehen, etwa in der Kopfhaltung.

Der Singschwan *(Cygnus cygnus)* kommt aus Island, Schottland, Skandinavien und Nordrußland; er überwintert viel in Holland und Belgien. Er fliegt ohne auffallendes Fluggeräusch; aber wenn er laut sein „Anghö“ herausstrompetet, dann klingt das fast wie Musik. Sein Schnabel ist hellgelb mit schwarzen Spitzen; er trägt keinen Höcker. Der Hals zeigt nicht die elegante Biegung wie beim Höckerschwan; er ist gerade.

Der Zwergschwan *(Cygnus bewicki)* hält sich nur in besonders kalten Wintern in Mitteleuropa (auch in Norddeutschland) auf. Seine Heimat ist Sibirien. Er ähnelt dem Singschwan, hat jedoch eher die Größe einer Gans: Sein Hals ist kurz, sein Körper weniger massig. Die Farbanordnung auf dem kleineren Schnabel unterscheidet sich von der des Singschwans. Die Grenze zwischen den gelben Flekken und den Augen und dem größeren schwarzen Schnabelteil ist abgerundet; beim Singschwan ist sie gerade. Auch die Stirne ist tiefer als die des Singschwans. Jetzt könnt ihr sie auseinanderhalten. Alle Schwäne sind übrigens geschützt.

Dennoch ist es schon vorgekommen, daß Wildschwäne bedauerlicherweise abgeschossen wurden, weil ein Jäger das graue oder braune Gefieder eines jungen Schwans mit dem einer Gans verwechselte.

und Schriftsteller

Genauso können wir auch einen Federhalter basteln. Wir benötigen dazu ein dünnes Schilfrohr, das wir einschneiden – den eigentlichen Halter – sowie ein dikkes Rohrstück, das wir kurz schneiden und vorsichtig aushöhlen, bis es sich als Ring über das dünnere Rohr schieben läßt. Mit diesem Ring wird der Federkiel am Halter befestigt. Mit solch einem Federhalter macht Dichten Spaß!

Lustige Gesellen am Teich:

Die Zwergtaucher

Ein Wasserloch im Eis: Hinter dem Höckerschwan (Cygnus olor) *schwimmen vier Zwergtaucher* (Podiceps ruficollis); *auf dem Eis steht eine Möwe.*

Im Winter wirkt der Sumpf während der langen unwirtlichen Frosttage manchmal ein wenig einsam. Viele Tiere sind gestorben, manche schlafen, andere sind noch im Süden, die übrigen sehnen den Frühling herbei.

Aber was treibt dieser faustgroße, braune Vogel dort auf der leeren Wasserpiste? Er ist ein lebhafter Taucher und führt uns allerlei Kunststücke vor. Er ist nicht immer so allein wie heute. Dieser lustige Geselle begleitet die Bläßhühner und die Enten; wie ein Federbällchen schwimmt und taucht er inmitten dieser vornehmen Gesellschaft. Wir hören sein lebhaftes und schnelles Kichern. Jetzt wissen wir, wer dieser Possenreißer ist, der zwischen Teich und Sumpf so ausgelassen herumspringt. Er gehört in die Familie der Lappentaucher *(Podicipedidae)* und ist der kleinste von ihnen: es ist der Zwergtaucher *(Podiceps ruficollis)!* Gedrungen gebaut und kastanienrot hat der närrische Zwergtaucher nur wenig mit dem edlen Haubentaucher *(Podiceps cristatus)* gemeinsam, aber er versteht es immer wieder, die Aufmerksamkeit aller auf sich zu ziehen.

Mancherorts nennt man ihn nicht unzutreffend „Steißfuß“, denn die kräftigen, kurzen Beine sitzen fast am Hinterteil. Sie machen unseren Clown zu einem vorzüglichen Taucher. Das muß er auch sein; denn seine Beute besteht im Winter aus Fischen, in der warmen Jahreszeit auch aus Insekten.

Der Zwergtaucher fliegt manchmal mit raschen Flügelschlägen über das flache Wasser; seinem Flugbild nach könnte man ihn dann für eine Krickente halten. Man glaubt es kaum, aber der Zwergtaucher kann trotz seiner kurzen, abgerundeten Flügel sehr weit fliegen.

Die „winterfesten“ Vögel legen im Frühjahr ihr Hochzeitskleid an: Die Männchen mit ihren mahagonifarbenen Wangen paradieren dann vor den Weibchen und verfolgen diese in endlosen Liebesspielen über das flache Wasser.

Zwergtaucher leben überall in Europa im Sumpf und in kleinen Tümpeln. Wenn ihr ein tragbares Tonbandgerät oder einen Kassettenrecorder mit Mikrofon besitzt, versucht einmal ihre Geräusche und die ihrer Nachbarn auf dem Wasser, der Bläßhühner, der Teichhühner und der Enten, aufzunehmen. Wenn ihr euch gut tarnt, kommt ihr nahe genug ans Ufer und an die Vögel heran. Wenn nicht gerade eine Autostraße oder eine lärmende Fabrik in der Nähe ist, könnt ihr erstaunlich gute Tonbandaufnahmen von ihnen machen.

Keine Jahreszeit ohne Asseln

Eine Wasserassel (Asellus aquaticus) *auf dem Köcher einer Köcherfliegenlarve.*

Überall in Tümpeln, Gräben und sogar auf feuchten Wiesen stößt man auf eine kleine Asselart (1 bis 1,5 cm), die Wasserassel *(Asellus aquaticus)*.

Der Asselkopf trägt 2 Paar Antennen. Jeder der 7 Ringe (Segmente) ihres Körpers ist mit einem Beinpaar ausgestattet. Auf der Bauchseite sitzen am Hinterleib Atemblättchen (Lamellen). Wie alle Krebstierchen *(Crustacea)* besitzt die Assel ein schlauchartiges Herz unter der Rippendecke mit ebenso vielen Höhlungen, wie der Körper Ringe zeigt. Das Zusammenziehen des Herzschlauches bewirkt, daß das farblose Blut durch den Körper gepumpt wird.

Das Weibchen trägt die Eier fast bis zum Schlüpfen der Jungen in einem Brutsack, der aus Brutlamellen am Hinterleib besteht. Asseln ernähren sich nur von pflanzlichen Abfällen. Diese Krebstierchen sind oft Träger von Parasiten, die sich erst in den Körpern von Fischen weiterentwickeln, die Asseln gefressen haben. Setzt sie also besser nicht in euer Aquarium!

Wenn es einmal regnet...

Schilf – Mikado

Schneidet 30 dünne Schilfrohre auf gleiche Länge (25–35 cm) und schmirgelt die Unebenheiten an Knoten und Schnittenden glatt! Malt jeweils 7 Rohre in derselben Farbe an (rot, grün, gelb, blau), das vorletzte jedoch schwarz. Eines bleibt als Reserve übrig. Nur mit dem schwarzen Rohr dürfen die anderen bewegt werden. Kommt euch das Spiel bekannt vor? Ja, es heißt Mikado! Ihr haltet alle Schilfstäbchen in einem Bündel zusammen und stoßt damit auf den Tisch oder den Boden. Dann öffnet ihr plötzlich die Hand, und alle Stäbchen fallen kreuz und quer auf die Spielfläche. Mit dem schwarzen Stäbchen muß man nun versuchen, ein anderes aus dem Haufen zu lösen, ohne daß sich die übrigen bewegen. Jeder Spieler hat zwei Versuche. Der nächste Spieler darf solange weitermachen, bis er mehr als ein Stäbchen bewegt. Wenn der Haufen abgebaut ist, zählt man die Punkte. Die roten Schilfstäbchen zählen jeweils 8 Punkte, die grünen 5, die gelben 3 und die blauen 1 Punkt. Viel Spaß dabei!

Kleine Geschenke aus Binsen – selbst gemacht

Bastelt einen Lampenschirm aus Binsen, der oben und unten mit farbigen Bastfäden zusammengehalten wird, oder einen Papierkorb, der nur etwas größer sein sollte, aber auf die gleiche Art angefertigt wird.

Als Boden dient ein Stück dicker Karton oder Sperrholz. Am Rand klebt ihr die Binsen fest. Noch besser ist es jedoch, wenn ihr am Rand entlang viele kleine Löcher einbohrt, die Binsen hindurchzieht und sie mit einem Bastknoten befestigt. Soll euer Papierkorb besonders stabil werden, klebt einen zweiten Boden ein. Wenn ihr ihn mit einer abwaschbaren Dekofolie überzieht, läßt sich der Korb auch zur Freude eurer Gäste als Schirmständer verwenden. Genauso könnt ihr ein Obstkörbchen, einen Korb für die Stricksachen und sogar für Süßigkeiten basteln. Fangt einmal an, die neuen Bastelideen kommen dann bald von selbst.

Ihr seht, die Natur hält bei jedem Wetter Anregungen bereit!

Seltene,

In der Stille des Sumpfes macht es plötzlich „Pluff". Sicher ist ein Frosch aufgetaucht. Oder? Nein, im Dämmerlicht erkennen wir ein größeres Tier, das im Wasser schwimmt. Nur ein runder Schädel, und ein dichter Haarkranz sind zu sehen. Ist das etwa der Bart eines **Fischotters** *(Lutra lutra)?* Werden wir das in unserer Gegend so seltene Tier, das sein verborgenes Leben im Schilfgürtel der Weiher führt, endlich einmal zu Gesicht bekommen? Auf einem Weidenstumpf, der aus dem Wasser ragt, deuten eine Fußspur und ein Kothaufen, der stark nach Fisch riecht, auf seine Anwesenheit hin. Im Kies des Flußufers entdecken wir weitere Spuren: Gräten und gebleichte Knochen. Wenn Schnee fällt, sucht aufmerksam nach Spuren! Vielleicht wird eure Erwartung bald bestätigt. Der Otter besitzt große, teilweise behaarte Tatzen mit 5 Zehen, die kurze nicht einziehbare Krallen tragen und durch Schwimmhäute verbunden sind. Wenn ihr im Schnee solche Spuren findet, habt ihr Grund zur Freude. Vor 50 bis 60 Jahren war der Otter bei uns noch weit verbreitet, heute ist er leider fast völlig verschwunden.

Durch die zunehmende Wasserverschmutzung und die Begradigung der Wasserläufe verlor der Fischotter seine Nahrungsreserven und Wohngebiete. Die Folgen von Waschmittelmißbrauch verspürte der Otter bald am eigenen Leib: Sein Pelz ist nicht länger wasserundurchlässig.

Darüber hinaus erhielten die Fischwarte lange Zeit aus öffentlichen Mitteln Geldprämien für das Abschießen von Ottern, weil man sie für große Schäden in den Fischzuchten verantwortlich machte.

Der Fischotter (Lutra lutra) *hat eine Körperlänge von 90–160 cm und wird etwa 15 Jahre alt.*

nützliche Kleinraubtiere

Schließlich waren Fischer wie Fallensteller auf sein wertvolles Fell erpicht. Da der Otter das einzige Säugetier ist, dessen Pelz das ganze Jahr über unverändert bleibt, wurde das Tier ständig verfolgt. Es stimmt, daß der Otter sich sehr sorgfältig seinen Lebensraum (5–10 km Uferstrecke) aussucht. Er liebt gewundene, schnell fließende Bäche, aber von Natur aus ist er ein „Vagabund" und besucht nach Lust und Laune alle Gewässer seiner Umgebung, wenn in den Kanälen, Teichen, Sümpfen reiche Beute winkt (Schleien, Brassen, Barsche, Hechte). Aber auch Frösche, Bisamratten *(Ondatra zibetica)* und die Biberratten *(Myocastor coypus)* läßt er nicht ungeschoren. Heute würde man die Rückkehr des Otters begrüßen, und der Fischer würde es dem ausgehungerten Räuber nachsehen, wenn er ihm auf der Suche nach Aalen das Netz beschädigt.

Die Otter stehen jetzt zwar unter Naturschutz, aber man muß sich fragen, ob es nicht schon zu spät ist. Ob sie je wieder so zahlreich sein werden wie einst? Ob sie sich je wieder in den hellen Vollmondnächten tummeln und jagen? Wird man je wieder sehen können, wie sie zusammengerollt, mit dem Kopf unter dem Schwanz in ihren selbst gegrabenen Bauten schlafen?

Ihre Wohnung ist meist eine Höhle in Ufernähe unter den Wurzeln der Bäume. Von dort führt ein Gang etwa $^1/_2$ Meter unter die Wasseroberfläche. Ein weiterer Luftschacht verbindet die Außenwelt mit dem trockenen Wohnteil, der mit Moos und Gräsern ausgepolstert ist und nach Moschus riecht. Dieses Sekret (Ausscheidung) stammt aus einer Drüse unter dem Schwanz des Otters. Das Tier besitzt mehrere Bauten. Es kommt vor, daß es sich auf seinen ausgedehnten Jagdzügen eine behelfsmäßige Schlafstelle sucht, die aus Binsen, Schilf oder Grasbüscheln besteht und ringsum von Wasser umgeben ist.

Der dunkelbraune europäische Nerz (Mustela lutreola) *wird größer als sein Vetter, das Hermelin.*

Oft vergißt man, daß der **Nerz** *(Mustela lutreola)* auch in freier Wildbahn vorkommt. Früher hielt er sich vor allem im Westen Frankreichs verborgen. Wenn wir einmal in der Bretagne einen Nerz sehen sollten, so muß es sich nicht unbedingt um den europäischen Nerz handeln. Dort sind auch zahlreiche amerikanische Nerze aus Zuchtfarmen entlaufen, haben sich in der freien Natur vermehrt und sind in verschiedenen Provinzen Frankreichs heimisch geworden. Wie der Otter ist auch der Nerz durch die Trockenlegung der Feuchtgebiete bedroht.

Er ist Tag und Nacht unterwegs und baut sein Nest oft ins Schilfdickicht oder in selbst gegrabene Uferhöhlen, die er mit Luftschächten versieht und deren Einstieg sich unter Wasser befindet.

Er taucht und schwimmt bewundernswert; sogar bei strengem Frost streckt er den Kopf ins Wasser. Seine Beute besteht nicht nur aus Wassertieren; neben Fischen, Fröschen und Krebsen verschlingt er auch Insekten, kleine Singvögel, Mäuse und junge Kaninchen.

Nach 3 Monaten sind die jungen Nerze von ihrer Mutter unabhängig, mit 9 Monaten sind sie erwachsen. Sie können bis zu 10 Jahre alt werden.

Auch der **Iltis** *(Mustela putorius)*, den wir im Gegensatz zum wilden Nerz auch in Deutschland finden, gehört zu den Mardern. Er lebt an Teichufern und an den Uferböschungen der Flüsse. Als ausgezeichneter Taucher und Schwimmer stellt er Wasserratten und Bisamratten nach. Aber auch Frösche, kleine Fische, Schnecken, Insekten, gelegentlich auch ein Vogelgelege oder eine Wühlmaus, kommen ihm gelegen. Wie alle Marderarten schützt er sich mit einem durchdringenden Gestank aus seinen Stinkdrüsen gegen Feinde.

Es kommt nur selten vor, daß der Iltis einmal ein Huhn tötet oder Eier stiehlt. Dagegen erweist er den Menschen gute Dienste, indem er Mäuse, Ratten und Giftschlangen jagt.

Also sollte man diesen kleinen Räuber vor Nachstellungen schützen, zumal auch das braune, dünnhaarige Iltisfell glücklicherweise heute nicht mehr so gefragt ist.

Der Iltis (Mustela putorius) *sammelt oft Nahrungsreserven in der Nähe seiner Wohnung an. Manchmal benutzt er auch den Bau fremder Tiere als Wohnstätte.*

Unerwünschte Nagetiere

Spuren im Schlamm: Die Abdrücke eines Teichhuhns (oben) kreuzen den Weg einer Bisamratte (unten). Zwischen den Fußabdrücken der Bisamratte sieht man deutlich die Schleifspuren des Schwanzes.

Sicher habt ihr schon an den flachen Ufern der Teiche seltsame Kegel aus Wasserpflanzen und Schilfrohr gesehen. Diese Hügel werden von den Bisamratten *(Ondatra zibethica)* erbaut und dienen ihnen zeitweise als Ersatz für ihre Erdhöhlen. Sie bestehen aus zusammengetragenen Pflanzenresten, die mit schlammiger Erde verklebt sind. Diese „Winterburgen" der Bisamratten sind etwa 1–1,5 m hoch und enthalten im Inneren 2–3 Wohnkammern und einen Vorratsraum. Meist werden sie von 5–6 Tieren gemeinsam bewohnt. Die Zugänge befinden sich immer unter Wasser. Stürzt einer zusammen, graben die Ratten mit den Krallen immer tiefer liegende Einstiege. Vor den ersten Winterfrösten ziehen die Nagetiere im November in ihre Winterquartiere ein.

Die Bisamratte erreicht die Größe eines Wildkaninchens. Größe und Aussehen und vor allem ihr seitlich abgeplatteter, ovaler Ruderschwanz unterscheidet sie deutlich von den anderen Nagern am Weiher: von der Biberratte *(Myocastor coypus)*, der Wanderratte *(Rattus norvegicus)* und der Schermaus *(Arvicola sapidus)*.

Die Bisamratte stammt ursprünglich aus Nordamerika. Dort und später auch bei uns wurde sie ihres wertvollen Pelzes wegen viel gejagt. Im Frühjahr 1905 brachte ein böhmischer Adliger von einem Jagdaufenthalt in Alaska 3 Pärchen mit nach Europa. Wahrscheinlich stammen alle heute in Mitteleuropa lebenden Bisamratten von diesen ab; denn sie vermehrten sich rasch und entwichen bald ihren Züchtern. Sie graben in alle Richtungen Gänge in die Uferbefestigung und verursachen oft deren Einsturz. Auch Deich- und Dammbrüche sind häufige Folgen ihrer regen Tätigkeit. Die Bisamratte ist ein anschauliches Beispiel dafür, wie gefährlich es sein kann, fremde Tierarten in neue Lebensräume zu verpflanzen, in denen gänzlich andere Lebensbedingungen herrschen. Bei uns fehlen weitgehend natürliche Feinde. Die Bestände an Raubtieren und Greifvögeln sind viel zu gering, um ihrer starken Vermehrung Einhalt zu gebieten.

Ihr Hauptfeind, der Iltis, wird dagegen wegen seines Pelzes oder weil er gelegentlich Hühner reißt, mit Fallen gejagt.

In weiten Gebieten versucht man, der Rattenplage mit Gas und Gift, mit Gewehr und Fallen Herr zu werden.

Inzwischen wird die Vernichtung der Bisamratte auch von staatlicher Seite geplant und durchgeführt. Die Abwehrmaßnahmen befinden sich in einem Wettlauf mit der Fruchtbarkeit der Tiere. Um erfolgreich zu sein, müßte man über mehrere Jahre hinweg 90% aller lebenden Tiere

Bisamratte
(Ondatra zibethica).

vernichten. Ihre Zahl verzehnfacht sich nämlich in einem einzigen Jahr. Die Fortpflanzungszeit beginnt nach den Wanderzügen im Frühling zwischen März und Mai.

Ein sicheres Zeichen für die Anwesenheit von Bisamratten sind umherschwimmende abgebissene Teile größerer Wasserpflanzen und sogenannten „Schwimmstraßen", die das Nagetier sich in den Pflanzengürtel frißt. Meist findet man in ihrer Nähe an bestimmten Stellen dunkelgrüne Kotballen (2–3 cm); sie sind etwa doppelt so groß wie die der Wasserratte. Natürlich deuten auch die typischen Schleifspuren des Schwanzes im Schlamm auf die Anwesenheit von Bisamratten hin.

Auch die Biberratte *(Myocastor coypus)* war bei uns ursprünglich nicht heimisch. Sie stammt aus Südamerika und ist ebenfalls aus den Zuchtfarmen entwichen. Im Gegensatz zur Bisamzucht ist die Biberrattenzucht in Frankreich gestattet.

Dieser Nager gilt als weniger schädlich. Die Pelze der Biberratte sind sehr kostbar; unter der Bezeichnung „Nutria" werden sie bei uns teuer gehandelt. Als Zuchttiere wiegen diese Nager bis zu 14 kg, in der freien Wildbahn nur 9 kg. An den Teichen einer Farm kann man die Tiere genau beobachten: wie sie ans Ufer kommen, sich niederkauern und ausgiebig putzen. Sie kämmen ihren Pelz mit den Pfoten, reiben dabei ständig über die Fettdrüsen in den Mundwinkeln und fetten so ihr Fell ein. Wenn man ihnen ein Stück Brotkruste hinhält, kommen sie zutraulich näher und nehmen es aus den Fingern. In Freiheit ist dieses Nagetier weniger zutraulich, aber auch nicht übermäßig scheu. Vor Sonnenuntergang kann man es am besten beobachten und seine Besonderheiten festhalten: Der schuppige Schwanz ist fast haarlos und zylindrisch wie der einer Ratte; die Hinterfüße besitzen Schwimmhäute; lange Schnurrhaare zieren an beiden Seiten die Schnauze; die langen Nagezähne sind orangefarben.

Biberratte
(Myocastor coypus).

Die Biberratte lebt in einem Bau, dessen Ausgang man schnell entdeckt, weil er nur halb unter Wasser liegt. Das Tier baut weder Erdhügel noch Dämme. Trifft es mit einem Biber *(Castor fiber)* zusammen, stellt es sich diesem mutig entgegen. Im Gegensatz dazu lebt die Bisamratte mit dem Biber in ein und demselben Revier verträglich zusammen.

Wanderratte
(Rattus norvegicus).

Ein anderer bemerkenswerter Taucher und Schwimmer ist die Wanderratte *(Rattus norvegicus)*, deren Vorliebe fürs Wasser ihr den Namen „Wasserratte" eingetragen hat. Sie ist eine geschickte Fischfängerin und hat eine eigenartige Methode zum Durchsuchen des Wassers nach Freßbarem entwikkelt: Sie „siebt" mit den Vorderpfoten gewissermaßen das Wasser durch und filtert so ihre Nahrung heraus. Die Erdbauten der Wanderratte haben einen oder mehrere Ausgänge; sie bestehen aus langen, verzweigten Verbindungen, Schlafkammern, Vorratslagern, und aus Blindgängen, die bei Gefahr als letzte Zuflucht dienen.

Die Männchen sind nach 3 Monaten fortpflanzungsfähig, die Weibchen etwas später. Sie leben in Rudeln, und die Jungen aus verschiedenen Würfen werden gemeinsam im selben Bau aufgezogen.

Bei der Wanderratte ist der Schwanz viel kürzer als der Körper und fast haarlos; die Ohren sind kurz, die Fellfärbung auf dem Rükken graubraun; der Bauch wirkt schmutzig weiß.

Fälschlich wird die Westschermaus *(Arvicola sapidus)* auch als Wasserratte bezeichnet: Sie ist weder eine Ratte, noch liebt sie das Wasser. Sie ist mit den Wald- und Feldmäusen verwandt. Alle Wühlmäuse *(Microtini)* sind Landbewohner und haben einen Kopf mit stumpfer Schnauze, kleinen Augen und kurzen Ohren, die manchmal nicht aus dem Fall herausstehen. Der Schwanz ist genauso lang wie der Körper, wenig behaart und mit deutlichen Ringen versehen.

Im Uferschlamm findet ihr sicher ihre Spuren, die ihr fotografieren könnt. Noch besser: Macht von ihnen Gipsabdrücke, wenn sie deutlich genug sind! Die Westschermaus wohnt im Schilfgürtel und baut ein unterirdisches Nest mit verzweigten Gängen.

In den Feldern gräbt sie flach unter der Bodendecke verlaufende Gräben und benutzt auch das Gangsystem des Maulwurfs, um leichter an die Pflanzenwurzeln zu gelangen. Die Schermaus trägt wie alle ihre Verwandten an den Körperseiten Drüsen, die einen Duftstoff absondern, der durch schnelle Bewegungen der Hinterbeine auf die Fußsohlen und von dort durch abwechselnde Trommelbewegungen auf den Boden übertragen wird. Diese Bewegungen werden von schnellen Schwanzschlägen begleitet. So kennzeichnet die Schermaus ihr Revier.

Schermaus
(Arvicola sapidus).

Helft bei der Bisamrattenbekämpfung!

Durch ihre Wühltätigkeit in Dämmen beschwören die Bisamratten Hochwasserschäden durch Deichbrüche herauf. Wenn ihr Spuren der Tiere entdeckt, meldet es gleich dem zuständigen Jagdaufseher. In manchen Gebieten gibt es auch – so in Baden-Württemberg – bei den Regierungspräsidien eigens angestellte Bisamjäger.

Fischfang im Winter

Was kann man an einem kalten verhangenen Wintertag tun, wenn die Teiche ruhig im Nebel daliegen? Man kann fischen gehen! Versucht, ob ihr die beiden berüchtigten Raubfische, den Hecht *(Esox lucius)* und den Barsch *(Perca fluviatilis),* an die Angel bekommt.

Ihr kennt den walzenförmig verlängerten Körper des Hechts; sein gefräßiges, einem Entenschnabel ähnliches Maul, mit den großen Fang- und den kleinen Hechelzählen; die kleinen Schuppen ... und seinen Riesenappetit!

Im Winter muß sich dieser „Schrecken des Weihers" etwas mäßigen. Sobald der Sommer kommt, wird er, zwischen den Wasserpflanzen verborgen, auf der Lauer liegen und unvermutet auf seine Beute – kleinere Fische – losschießen. Im Winter zieht er sich auf den Grund der Gewässer zurück. Versucht den Fang! Vielleicht reagiert er aber auch nicht, weil es zu kalt ist.

Das Angeln mit dem Blinker ist eine unterhaltsame und sportliche Art zu fischen.

Richtiges Angelgerät ist ziemlich teuer. Aber vielleicht könnt ihr mit euren Eltern oder Freunden eine Angelpartie machen. Gewiß leihen sie euch auch einmal ihr Gerät für einen Tag aus. Angelt aber nie ohne Erlaubnis! Man braucht dazu einen Angelschein, außerdem muß man bestimmte Vorschriften beachten. Erkundigt euch stets bei den Behörden (Polizei, Rathaus).

Der Hecht (Esox lucius) *kann eine Länge von 1,50 m erreichen; er wiegt dann über 40 kg.*

Die Rolle am Angelgerät dient zum Ablassen und Aufrollen der Schnur; am Schnurende ist ein Blinker als künstlicher Köder angebracht. Er vermittelt durch seine glitzernden Drehbewegungen den Eindruck eines kleinen Weißfisches.

Jetzt begebt euch auf die Suche nach dem Standort des Hechtes. Durchsucht die Wasserrinnen: Überall zwischen den Pflanzen könnte ein Versteck des Hechtes sein! Spult langsam die Schnur ab.

Habt ihr gewußt, daß ...

◆ der Biber *(Castor fiber)* sich nicht an stehenden Gewässern, sondern an kleinen Bächen und Flüssen aufhält? Dort errichtet er Dämme und sorgt so für die Ausweitung der Feuchtgebiete.

◆ der Biber in Deutschland nur an der Mittelelbe noch ursprünglich vorkommt? In Frankreich leben noch 1000 Biber im Rhônebecken. An zahlreichen Orten, so im Elsaß und in der Schweiz, hat man ihn wieder neu angesiedelt.

◆ der Biber nicht im Rudel lebt, sondern in einer Familie, die aus 10 bis12 Mitgliedern besteht? In ihrem Revier besitzen sie 1 bis 2 Unterkünfte – Burgen, die sie am Ufer oder auf einer winzigen Insel erbauen, um den Materialtransport zu erleichtern.

◆ der Biberschwanz flach und von ruderähnlicher Gestalt ist und als Steuerruder dient, während die Hinterfüße mit Schwimmhäuten ausgerüstet sind? Der Pelz des Bibers besteht aus dichtem Flaumhaar, die Ohren und Nüstern sind verschließbar – somit ist dieses große Nagetier (1,20 m lang; bis 38 kg schwer) hervorragend für das Leben im Wasser gerüstet.

◆ die Biber keinen Winterschlaf halten, obgleich sie im Winter weniger aktiv sind? Gelegentlich kommen sie aus dem Bau und schwimmen zu ihren Vorratsflößen aus Pappel- oder Weidenrinden.

Der Hecht wird zunächst dem Köder folgen, bisweilen mehrere Minuten lang, bevor er zuschnappt. Verlängert nach und nach die Angelschnur, folgt vorsichtig ihrer Bewegung. Es lohnt sich, alle Standorte mehrmals nacheinander abzusuchen... Der Hecht ist sehr träge.

Diese Trägheit kann man ausnützen: Tauscht den künstlichen Köder gegen einen toten Fisch aus. Der große Räuber wird glauben, er sei nur verletzt und wird nach ihm schnappen, wenn ihr die typischen Schwimmbewegungen des Gründlings, des Ukelei, der Rotfeder oder des kleinen Barschs richtig nachahmt. Wenn ihr die Angel ruckweise oder fließend bewegt, wird dem Hecht der schlechte Zustand des Köders sicher verborgen bleiben. Oft hat man damit Erfolg. Wir sehen dabei auch, daß der Hecht mit Vorliebe kranke, schwache oder verwundete Tiere angreift. Er ist also eine Art Gesundheitspolizei des Gewässers und sorgt für eine natürliche Auslese unter den Weißfischen, da nur die gesunden Tiere überleben.

Zu Winteranfang werdet ihr vielleicht in den sauberen Zonen der Gewässer mit eurem Blinker Barsche fangen können. Erstaunlich, wie sich dieser zänkische und mürrische Fisch zu verteidigen weiß. Rollt die Angelschnur nur sehr vorsichtig auf, und zieht den Barsch ganz langsam heran: Er hat ein sehr verletzliches Maul. Hütet euch vor den spitzen Rückenstacheln, man kann sich leicht die Hand an ihnen blutig reiben.

Der Barsch, der oft im Schwarm lebt, ist immer hungrig. Er verfolgt alles, was sich im Wasser bewegt und scheut keine Mühe, seine Beute bis zur Erschöpfung zu treiben. Ein roter, zappelnder Wurm im Winter wird für ihn ein besonderer Leckerbissen sein.

In den warmen Jahreszeiten läßt er sich vorzüglich mit Eintagsfliegenlarven, Schlammschnecken ohne Gehäuse und anderem kleinen Getier ködern. Um Barsche zu fangen, genügt eine einfache Angelrute: Ein 3 m langer Erlen- oder Weidenstock, ein Nylonfaden von 20–200 m, ein Schwimmer und ein Haken. Angelt dort, wo ihr auch den Hecht vermutet, indem ihr den Köderwurm immer wieder leicht bewegt.

Ein Blinkerfischchen, das silbern aufblitzt, ist ein vortrefflicher künstlicher Köder. Ihr könnt ihn leicht selbst herstellen. Manche Weinflaschen tragen über den Korken eine Schutzkappe aus Zinn; zieht sie ab, glättet sie und schneidet die Umrisse eines kleinen Fisches aus. Und nun: Petri Heil!

Unfreiwillige Botschaften

Wie groß ist der Abstand der Spuren, wenn ein Tier läuft oder springt? Wie sind die verschiedenen Fußabdrücke angeordnet? Schaut genau hin!

Im Winter hinterlassen viele Tiere am Ufer ihre Abdrücke im Schnee. Auch auf zugefrorenen und verschneiten Weihern kann man Spuren der dort lebenden Tiere beobachten. Die Zeichnung der Spuren ist je nach Schneequalität mehr oder weniger deutlich erkennbar.

Im weichen und flockigen Schnee werden die Abdrücke oft verschwommen und ungenau. Im tiefen Schnee liegen die einzelnen Lauf- oder Sprungspuren dichter beieinander, manchmal sind sie auch verwischt. Die besten Abdrücke entdeckt man bei einer Schneehöhe von 1–2 cm. Wollt ihr die Spuren bestimmen, so konzentriert euch zunächst auf einen Abdruck. Denkt dabei immer auch an die Schneequalität! Ein Abdruck allein genügt nicht. Es empfiehlt sich, mehrere ähnliche Spuren zum Vergleich heranzuziehen. Erst dann wird man sicher sagen können, welches Tier die Fußabdrücke hinterlassen hat. Tiefe Spuren können auf ein längeres Verweilen des Tieres an einer Stelle hindeuten; sie können aber auch zusammen mit dem Ausmaß des Abdruckes etwas über die Größe und das Gewicht des Tieres aussagen.

Übrigens könnt ihr zu allen Jahreszeiten Spuren im Uferschlamm entdecken. Macht Gipsabdrücke! Wenn der Boden, auf dem ihr die gut erhaltenen Spuren gefunden habt, fest genug ist, umstecht sie mit dem Spaten, hebt sie heraus und nehmt sie mit nach Hause, wo ihr leichter einen Gipsabdruck machen könnt. Setzt diesen Aushub nicht der Hitze aus, er würde sonst bald zerbröckeln. Umgebt ihn mit einem Rahmen aus Holz oder festem Karton; rührt dann einen Gipsbrei an und gießt die Form etwa 2–3 cm dick mit Gips aus. Nach einer halben Stunde ist der Brei getrocknet und der Abdruck im Gips festgehalten.

Es gibt noch viele andere Zeichen, die auf die Nähe von Tieren hindeuten, z.B. Nester und Höhlen, Mist und Kot, pflanzliche und tierische Reste der Mahlzeiten (zerbrochene Zweige, Muschelschalen, gerupfte Federn). Die Tiere hinterlassen auch Hinweise durch ihre Bauten (Schilfbauten der Bisamratten) und Fraßspuren in deren Nähe (von der Bisamratte abgefressene Rohrkolben; Nagespuren von Westschermaus oder Wanderratte an den Samen der Seerosen). Ein Bestimmungsbuch für Tierspuren gibt es sicher in eurer Bibliothek!

Spuren des Teichhuhns (Gallinula chloropus) *im schlammigen Ufergrund.*

Spuren des Weißstorchs (Ciconia ciconia) *und einer Lachmöwe* (Larus ridibundus) *im Schlick.*

WICHTIGE SUMPFGEBIETE

In diesem Buch ist von vielerlei Feuchtgebieten die Rede, von Landschaftsteilen, die durch einen mehr oder weniger wechselnden Wasserstand geprägt und von ihm abhängig sind. Man hat für den Bereich der deutschen Bundesländer die in zwanzig Formationen (z. B. Moore, Wiesen, Nadelwald u. a.) vorkommenden höheren Pflanzenarten gezählt und dabei eine teilweise erschreckend hohe Zahl von verschwindenden oder bereits ausgestorbenen Arten feststellen müssen. Von den sechs Formationen, die am meisten gefährdet sind, zählen fünf zu den Feuchtgebieten; an der Spitze stehen die nährstoffarmen Moore (Hochmoore) und ihre zugehörigen Waldbereiche. Bald schon folgen die Sumpfgebiete, die meist See- oder Flußufern vom Land her vorgelagert sind. Einige bedeutende, deren Besuch sich gewiß lohnt, seien hier kurz vorgestellt.

Neusiedlersee

Unter den Tierparadiesen von europäischem Rang steht der Neusiedlersee im österreichischen Burgenland ganz weit vorn. Dieser 36 km lange Steppensee ist im Durchschnitt nur 1 m (!) tief. Fast ringsum ist er von einem 1–2 km breiten Gürtel aus Schilfrohr, Rohrkolben, Wasserschwertlilie, Großseggen, Knopfbinsen und Steifseggen umstanden, woran sich auf dem Land die Mähwiesen anschließen, die auch recht feucht sind. Die bedeutendste Rolle hat der See für die Vogelwelt. In einer Anzahl von Kolonien brüten hier Silber-, Purpur- und Graureiher und Löffler. Große Rohrdommel und Zwergdommel sind mehr einzellebend, ebenso Wasserralle und Tüpfelsumpfhuhn. Bemerkenswert sind auch die zahllosen Singvögel, die im Schilfdickicht brüten. Allein fünf Rohrsänger-Arten gehören dazu, Beutel- und Bartmeise, Blaukehlchen und Schafstelze sind weitere auffällige Formen. Ein oft zu sehender Greifvogel ist die Rohrweihe. Wasser- und Moorfrosch sowie die Rotbauchunke leben als Lurche hier, Waldspitzmaus, Zwergmaus und Sumpfwühlmaus sind als kleine Säugetiere in diesem Feuchtgebiet zu Hause. Die dem See benachbarten Lacken – oft salzhaltig – beherbergen eine ganze Reihe weiterer bemerkenswerter Vögel, die man allgemein als „Limikolen", Sumpfbewohner, bezeichnet. Dazu zählen Säbelschnäbler, Fluß- und Seeregenpfeifer, Kiebitz, Rotschenkel und Uferschnepfe als Brutvögel. Viele weitere Arten, auch von Wildenten und Gänsen, machen hier auf dem Durchzug kürzere oder längere Zeit Rast.

Sumpfdotterblume.

Bodensee

Am Bodensee (Untersee) befindet sich mit dem Wollmatinger Ried eine weitere Sumpflandschaft von europäischer Bedeutung. Hier herrscht im Sommer der höchste Wasserstand. Viele ausgeprägte Sumpfpflanzen sind an die zeitweilige Überflutung angepaßt. Zu ihnen gehören große Seltenheiten wie Sibirische Schwertlilie, Sumpfschwertel, Strandnelke, Mehlprimel, Lungen- und Schlauchenzian. Eine bedeutende Flußseeschwalben-Kolonie besteht hier. Ferner brüten, um nur einige wichtige Vogelarten zu nennen: Schwarzhalstaucher, Kolbenente, Zwergdommel, Bekassine, Rohrweihe und Drosselrohrsänger. Im Winter hat das Gebiet eine große Bedeutung für Zehntausende von Wasservögeln. Weiter westlich liegt am Untersee die Halbinsel Mettnau, deren Sumpfgebiet ein wichtiger Brutplatz für Kolbenente, Reiher- und Tafelente und viele weitere Arten darstellt. Hier verfolgt die Vogelwarte Radolfzell in einem mehrjährigen Programm die Bestandsschwankungen von Zugvögeln, was durch Vergleichsuntersuchungen vom Neusiedlersee und dem Sumpfgebiet Reit bei Hamburg erweitert worden ist. Das Eriskircher Ried am Bodensee (Obersee) hat seine Bedeutung vor allem durch große Bestände von Wasser- und Sibirischer Schwertlilie. Ein wichtiges Gebiet ist das Rheindelta zwischen dem österreichischen Bundesland Vorarlberg und dem Schweizer Kanton St. Gallen. Die bedeutendsten Brutvögel des Raumes sind Uferschnepfe, Brachvogel, Bekassine, Schafstelze und Braunkehlchen. Lachmöwe, Flußseeschwalbe und weitere Arten tragen zu seiner wichtigen Rolle bei.

Fehmarn

Erst seit wenigen Jahren besteht ein Feuchtgebiet als das größte Naturschutzgebiet an der deutschen Ostseeküste. Es handelt sich um das ehemalige Teichgut Wallnau im Südwesten der Insel Fehmarn. Seine herausragende Rolle erhält es vor allem durch seine Lage auf dem Kreuzungspunkt zweier bedeutender Vogelzugstraßen von Nord- und Osteuropa her. Die ehemaligen Fischteiche sind von einem Gürtel aus Schilf und Binsen umstanden, die im Verein mit Flachwasserbereichen einer artenreichen Vogelwelt Brut- und Aufenthaltsmöglichkeiten bieten. Über 50 Arten brüten hier, darunter solche selten gewordenen wie Sumpfohreule, Rothalstaucher, Kleines Sumpfhuhn, Kampfläufer, Kolbenente und Große Rohrdommel. Man darf hoffen, daß nach einer Weile des strengen Schutzes weitere stark gefährdete Arten hier eine Zuflucht finden können, wie Seeregenpfeifer oder Zwergmöwe. Während des Winterhalbjahres kommen Zehntausende weiterer Wasservögel (mehrere Gänse-, Enten- und Schwan-Arten) als Gäste hinzu. Hier finden sich z. B. aber auch sieben Lurcharten, unter ihnen die selten gewordene Tieflandunke. Wichtig sind auch viele Insektenarten und Wasserpflanzen, unter ihnen auch solche, die an die salzigen Lebensräume an und nahe der Meeresküste gebunden sind. Die Bedeutung Wallnaus als hervorragendes Feuchtgebiet wird in den kommenden Jahren noch zunehmen.

Register

Die fettgedruckten Zahlen bezeichnen Seiten mit Abbildungen.
Auf den gleichen Seiten befindet sich häufig auch ein Text zum gleichen Thema.
Die anderen Zahlen beziehen sich auf Darstellungen im Text.

INHALT

Die zur Illustration des Werkes benutzten Fotos wurden zur Verfügung gestellt von: Charpentier, Einband und S. 5 unten, 7, 8 oben, 18, 27 oben rechts und Mitte, 33 links, 46 Mitte, 53 links, 54, 57, 58 oben, 66 oben, 67; Club des jeunes de Villaines les Rochers S. 76 unten; Collège St. Exupéry S. 61 unten; Coleman-Burton S. 43 Mitte; Duflos, Dans le pré S. 90 unten; Fotogram S. 13 unten; Fretey S. 66 unten; Gantès S. 4 unten, 39; Grailles S. 77 links; Herder-Archiv S. 19, 90 oben; Institut Pasteur S. 66 Mitte; Jacana-Renaud S. 88 unten; Lorne S. 53 rechts; Monier S. 44 Mitte; Noailles S. 8 unten, 21 unten, 22 oben, 44 unten, 69, 70 oben; Pitch-Bricoux S. 44 oben; Pitch-Ferrero S. 32; Pitch-Gantès S. 45 unten, 70 unten; Pitch-Gohier S. 81 unten; Pitch-Oudet S. 43 unten; Pitch-Petzold S. 84; Pitch-Scott S. 3, 46 oben, 81 oben; Pitch-Sester S. 88 oben; Pitch-Varin S. 34, 52; Richard S. 13 oben Starosta S. 38; Varin S. 62 oben; Zefa S. 50; alle anderen Fotos von J. C. Carton.

Beiträge Seite 19 und 90 sowie Fachberatung für die deutsche Übersetzung: Dr. Odwin Hoffrichter.

Zeichnungen von André Charpentier, Claire Cormier, Serge Nicolle

Die französische Originalausgabe erschien unter dem Titel **D'étangs en marais** bei Hatier, Paris
© HATIER Paris 1978

DEUTSCH VON ULLA ELSENHANS

6. Auflage

Herstellung:
Freiburger Graphische Betriebe 1987
ISBN 3-451-18865-1